Juan Pedro Aparicio
Retratos de ambigú

Juan Pedro Aparicio

Retratos
de ambigú

Premio Nadal 1988

Ediciones Destino
Colección
Áncora y Delfín
Volumen 630

© Juan Pedro Aparicio
© Ediciones Destino, S.A.
Consell de Cent, 425. 08009 Barcelona
Primera edición: febrero 1989
Segunda edición: febrero 1989
ISBN: 84-233-1710-2
Depósito legal: B. 3465-1989
Impreso por Sirven Grafic, S.A.
Casp, 113. 08013 Barcelona
Impreso en España - Printed in Spain

I. Blanca Pérez Ansa

Siempre se iba a acordar de aquellas palabras: «Tú no sabes qué es un Mosácula. Los Mosácula son como el mundo». Sabía que se acordaría de ellas mucho más tarde, como también las había tenido presentes mucho antes de haberlas oído, puesto que eran un pensamiento suyo, algo que había vivido aletargado en su mente hasta que don Enrique había sabido enunciarlo: «Cuando crees que ya los conoces, cuando más familiarizado te sientes con ellos, más te sorprenden. Los Mosácula son como el mundo». Sí, y más para él, que había vivido enamorado de una Mosácula, que desde que tenía uso de razón no recordaba haber tenido libre un solo día el pensamiento del recuerdo y la visión de ella. Desde los tiempos oscuros de los paseos por el Rey Bueno, cuando las calles rezumaban humedad, una humedad que parecía brotar de su interior como una gran lágrima urbana, que espejeaba el asfalto y lo llenaba de tristeza, o de nostalgia, una nostalgia de proyección futura, como si el presente se estrujara ya en la memoria con los dolores del recuerdo. Lentas horas de idas y venidas por el Rey Bueno, cuando ella pasaba en el autobús del colegio, el *pelines*, enmarcado su busto por la ventana, un busto de *madonna*, tan bello como una aparición: los ojos profundos, la mirada soñadora y lánguida que le entraba hasta mucho más adentro de sí mismo, que le rompía por dentro, que le atravesaba...

Por eso aquellas palabras de don Enrique, más bien vagas y hasta poco afortunadas por su pereza expresiva, se alzaban ante él con la nitidez inquietante de una cuchilla heladora cuyo brillo le había deslumbrado durante más de la mitad de su vida: «los Mosácula son como el mundo». Sí, lo son, lo habían sido para él, y lo serían también para la ciudad, para la de él y la de ellos, la ciudad a la que habían marcado con su presencia para siempre. ¿Pues no es así también que el mundo es aquella amenaza que acecha sólo un paso más allá de nuestra intimidad?

Y ella, Blanca, Blanca Mosácula, lejos, siempre lejos, envejeciendo en otros brazos, quebrando su piel en otros fríos, gastando sus ojos bajo otros cielos.

Don Enrique se había reído, una risa casi de adolescente, imparable, descontrolada. Había dicho: «No, usted no conoce a los Mosácula. Los Mosácula son como el mundo». Y luego había roto a reír a carcajadas.

Un don Enrique siempre sonriente y hospitalario que, a pesar de la hora, las diez y media de la noche, le había recibido, bien es verdad que en bata y zapatillas, una bata y unas zapatillas de franela de hombre mayor, una de esas batas de cuadros grises y unas zapatillas de cuadros marrones de las que ya no hay.

—Le he estado llamando todo el día —le anunció Vidal—: quería comentarle algo.

Le había abierto su casa con un ruido escalonado de cerrojos metálicos que parecían hollar, tras la pesada puerta, al tiempo que allí se guardaba como en el corazón de un arca. Entraron en seguida en el despacho y Vidal se sentó en un sofá mientras que don Enrique lo hacía en un sillón; los dos asientos eran singularmente bajos.

—¿Qué tal su flamante coche nuevo?, ¿su BMW? Supongo que ya habrá previsto darnos una vuelta —dijo don Enrique. Pero Vidal no le dejó continuar.

—Tengo que tomar una decisión dificilísima —le había confesado de inmediato—: he inspeccionado por segunda vez la factoría de los Mosácula y tengo que cerrarla...

Don Enrique guardó silencio. Miraba a su amigo con benevolencia. La respuesta surgió de improviso. Vino desde las sombras del pasillo. Una voz estridente y cantarina:

—Haga lo que tenga que hacer, ése es el lema ¿no? —dijo doña Manolita, la mujer de don Enrique, quien sin duda se había levantado de la cama y se había puesto una bata de guata rosa para venir al despacho—: eso es lo que tú le dices siempre a tu sobrino Jaime, el concejal ¿no es así? Ahora mismo precisamente, al oírles hablar, creí que se trataba de Jaime que había vuelto de la Argentina. Porque ¿sabe la ocurrencia que ha tenido?: Han vuelto todos, toditos, menos él. Se ha quedado voluntario ¿qué le parece?

Se levantó Vidal y saludó a doña Manolita con azoramiento, pidiendo disculpas por la hora intempestiva. Ella ofreció una bebida. Vidal rehusó. Ella insistió. Don Enrique torció el gesto.

—Si no tengo sueño —dijo ella entonces— vosotros seguir que yo no os molesto.

Traía en la mano dos agujas y una pequeña pieza de lana que salía del bolsillo de su bata. Se sentó en la estancia contigua, la que parecía prolongación del despacho, mitad comedor, mitad biblioteca, en la penumbra del fondo, al lado del velador donde se hallaba el teléfono.

—Ésta es mi lectura —dijo— y lo mismo leo aquí que en la cama. Sigan, sigan...

Los dos hombres habían vuelto a sentarse. Vidal agachaba la cabeza como el que siente vergüenza o se halla en camino de desmoralización.

—No hay que tomárselo así, amigo mío —dijo don Enrique.

—Es una gran responsabilidad. Estoy obligado a hacerlo y todavía no sé qué hacer.

La voz de doña Manolita, proveniente de la otra estancia, le sobresaltó otra vez. Surcó la penumbra como un clarinazo, un chillido modulado en una garganta de ave.

—No sea usted tan buena persona, Vidal. Esa gente necesita mano dura. Han hecho lo que han querido toda la vida y no pueden seguir así. ¿No dicen que ha cambiado todo acaso? Pues que cambie esto también.

Vidal se pasó la mano por los ojos.

—Son una gente increíble: todos ellos, desde Ezequiel Mosácula al último portero de la industria.

Y volvió a relatar cómo en la inspección, que había hecho un año y medio atrás, había encontrado gravísimas irregularidades de las que había levantado acta; cómo, de acuerdo con la ley, concedió un plazo de seis meses para subsanarlas; luego una prórroga de seis meses más y, luego, otra prórroga más, la final. Levantó la cabeza Vidal:

—Pero ¿qué creen?: todo sigue igual. O peor. No han corregido nada, absolutamente nada. Ni el más pequeño detalle. Y alguna cosa de las que estaban bien, en este tiempo ha acabado por deteriorarse también.

Reía don Enrique, una risa jovial, que restaba dramatismo a la situación.

—No le haga caso Vidal. No se qué es tan divertido. Si yo hubiera sido hombre...

Vidal rió también, una sonrisa resignada, como el que se rinde a la evidencia de su propio ridículo.

—Hace dos días he vuelto a hacer la inspección. Me ha acompañado Ezequiel Mosácula, no me ha dejado a solas ni un momento, me ha llevado de la mano de aquí para allá continuamente. ¡Qué tipo, Dios! —exclamó—: ¡Cómo recuerdo a la pobre Blanca! Blanca lo temía. Decía que lo admiraba pero yo sé que lo temía.

Y nunca le había dicho a don Enrique lo que él había sentido por Blanca, lo mucho que había sufrido por su súbita desaparición de la ciudad cuando quedó embarazada a los dieciséis años; no de él, con quien sólo había llegado a darse besos; no de él, pero tampoco de nadie... Porque Blanca sólo salía con él, sólo le conocía a él... como si hubiera sido violada por el ambiente, como si un polen maligno hubiera entrado en su cuerpo a traición... Y tampoco se lo iba a decir ahora que estaba doña Manolita, y no porque temiera los comentarios de ella, que casi los deseaba, sino porque temía su voz, esa voz chillona

11

que, cuando construía sentencias breves, se levantaba histriónica y sin mesura; así, nada les dijo de esa cara, de esos ojos, de ese busto que él veía como en un museo, como si el más hermoso rostro de una madona jamás pintado se exhibiese por las calles de la ciudad colgado de la vieja carrocería del *pelines*, nada les dijo de ese rostro que tanto había gravitado sobre él año tras año, día tras día, hora tras hora...

No, no se lo dijo, como no le había dicho tantas cosas, a pesar de la amistad que sentía por aquel hombre mayor, por su maestro y amigo, por aquel hombre ejemplar, don Enrique, ex senador real, catedrático jubilado de patología animal, ex decano, ex vicerrector y ex rector de su Universidad.

Desde la penumbra surgió otra vez la voz de gallinazo, una voz que no esperaba respuesta, que hablaba para ella sola y para el mundo:

—Blanquita, la pobre Blanquita, la muy desgraciada Blanquita, esa pobre niña, os traía a todos a mal traer. A todos... Y no le llegaba a su madre ni a la sombra de los zapatos. Esa sí que era una belleza: Blanca Pérez Ansa, la asturiana...

—No sé cómo explicarlo —siguió diciendo Vidal—: ni siquiera había reemplazado los grifos por otros que pudieran abrirse y cerrarse con el pie; ni había instalado toallas de papel; y no sólo no había cambiado —como se le exigía— de sitio los retretes que daban a la sala de despiece, inundándola de contaminación y malos olores —algo por completo intolerable—, sino que ni siquiera había colocado las puertas que faltaban... Es increíble, don Enrique. No ha hecho caso de nada ni de nadie y, sin embargo, ha sido él mismo quien ha venido a verme. Yo estaba convencido de que había hecho todos los arreglos. Si no ¿cómo se explica? Ha entrado en mi oficina de sanidad sin respetar antesalas ni convencionalismos..., ha irrumpido en mi despacho como si me mandara, de un modo humillante para cualquiera, como si fuera mi jefe. Y no es que viniera desempeñando el papel del contribuyente exigente, que también los hay, no; era la viva estampa de quien le paga directamente a uno de su bolsillo y con su mano...

Don Enrique movió las manos en un gesto de total incredulidad. Pero la que habló fue otra vez su mujer, lo hizo sin ánimo de conversar, con la pasión de la remembranza. Y sus palabras, que salían al compás obstinado del punto que sus manos tejían, sonaban como una salmodia, algo muy acorde con la media luz de donde manaban:

—Siempre han sido gente sin clase, gente ruda y ordinaria. Sólo ella, Blanca Pérez Ansa, la asturiana, se salvaba. Ella sí tenía clase, tenía distinción, tenía belleza... ella, Blanca Pérez Ansa, la asturiana, no la hija, no la que os ha tenido locos a todos, la madre, esa sí que era hermosa. Aunque es para sentir lástima de ella. Nunca ha visto el sol de esta tierra, ella que tan necesitada estaba de sol y de aire. Vino a la ciudad el mismo día que el presidente de la República; entró por la carretera de Madrid el presidente en un Mercedes descapotable y en un Mercedes igual entraba por la carretera de Asturias, Orencio Mosácula con Blanca Pérez Ansa; se habían casado en Covadonga a las doce del mediodía anterior y habían venido viajando sin parar y sin dormir, impecablemente vestidos con el traje de la boda, frescos, limpios, radiantes... Yo, cuando supe

13

que venía ella, salí a la calle también, me solté de la mano de mi padre y corrí hacia la avenida del abate Insula por donde los novios entraban... Dicen que la prensa equivocó el itinerario presidencial, pero allí estaba toda la ciudad para aclamar a la novia, y en el otro lado, nadie, para saludar al presidente de la República... Ella venía de blanco satén, con un tocado con diadema que la hacía parecer una reina; venía de pie y sonreía; tenía la mano, enguantada hasta el codo, levemente alzada. Cruzó el coche la plaza del Angel Caído, allí la gente, creyendo unos que se trataba del presidente de la República, otros intentando la burla hacia la primera magistratura, prorrumpieron en vítores y aplausos, en hosanas de Domingo de Ramos y empezaron a caer confetis y serpentinas y pétalos de flores de los balcones y a agitarse las banderas tricolores y las bicolores en armonía sorprendente... Dicen que después de aquel recibimiento nunca más quiso salir a la calle. Unos piensan que de vergüenza por haber contestado a un saludo que no iba dirigido a ella, otros que de dolor... dieron vuelta a la glorieta de don Alonso de Guzmán y enfilaron hacia la casa de Roland, la que un mes antes había comprado Mosácula para ella... la casa más hermosa que nunca se había hecho en la ciudad, al otro lado del río, exenta como un castillo, con fachada a los cuatro puntos cardinales: el norte, mirando a las tierras de nieve de la novia, el sur, a los campos desabrigados y yermos de donde procedían los Mosácula...

—Menudo pájaro era Orencio —dijo don Enrique—: le compró la casa al bueno de don Arístides Roland, aquel ingeniero belga que tanto impulsó nuestras minas; se la compró, cuando don Arístides

14

estaba ya enfermo, por sólo cuarenta mil reales, una casa que ya por entonces valía más de cuarenta mil duros, de los de entonces, de los de plata, de los que se las veían tiesas con el mismo dólar.

—Un día mamá me llevó a verla; mamá había oído que tocaba el piano muy bien y quiso que me oyera a mí para saber si podía confiar en mi disposición para la música... Nos recibió con cordialidad pero con tristeza, estaba recién casada y parecía una viuda. Nos recibió en una salita orientada al sur; había un piano precioso, negro y lustroso, una piel de un animal pequeño en el suelo y muchas fotografías enmarcadas en las paredes, todas de ella y de su familia —de sus padres y hermanos, me refiero— en las galerías y balconadas de un sanatorio, que luego supe era del Guadarrama, —toda su familia padecía del pulmón—; pasé mis manos por el teclado y toqué un poquito, muy poquito, hasta que ella me pasó una mano por la trenza y dijo que era suficiente. Nos invitó a una taza de chocolate y me pasó otra vez la mano por la trenza, lo hizo sin mirarme como si se viera a sí misma, o al menos a una parte de sí misma, la que podía contenerse en una trenza de niña y me pareció que se iba a poner a llorar. Mamá salió muy contrariada de aquella visita. Pero yo recuerdo la mano de Blanca sobre mi trenza y todavía me estremezco. Cosas de niña, supongo. Olía bien aquella mano, olía a brisa de mar...

Así era Blanca Mosácula, así era su Blanca también, como la brisa del mar, pensó Vidal.

Otra voz femenina surgió inopinadamente del pasillo.

—Yo también fui a verla ¿no recuerdas Manolita?

Era doña Elvira, la otra hermana, la mediana,

que, soltera, también vivía con el matrimonio. Tenía la voz igual de adelgazada que su hermana, un estilete que taladraba los oídos.

—Yo fui con mamá más de una vez a verla. ¿No te acuerdas?

Se había levantado Vidal y ella le hizo un gesto para que se sentara. Doña Elvira era tan menuda como su hermana y como ella vestía una bata de guata rosa. Sin sentarse se quedó al lado de su hermana, como si vigilara en la penumbra los puntos que su hermana hacía.

—Sí, mujer, acuérdate: quería mamá saber si yo tenía algún talento artístico y fuimos a enseñarle mis dibujos. Porque Blanca también dibujaba y bordaba, ¿no te acuerdas? Desde aquel mirador en rotonda se veía el campanario de la iglesia de Aviados del Páramo, el pueblo de donde habían venido los Mosácula; ella lo pintaba una y otra vez, pintaba la torre maciza y cerrada y su entorno ocre; pintaba a lápiz primero y luego lo bordaba a tambor sobre la tela, y lo hacía con aversión, no como si tuviera miedo sino como el que se encuentra ante algo que sabe nunca será capaz de entender... Y ese era su miedo: no ser capaz de entender. Por eso no salía, por eso no hablaba, por eso apenas sonreía... Y muchas veces yo fui sola también, ¿no te acuerdas? Y siempre me recibió sonriente y siempre me enseñó sus bordados y dibujos: no copiaban la torre tal como era, sino que la deformaban, ni los colores ni las líneas se correspondían con la realidad, los amarillos se tornaban rojos y los azules, negros; las rectas se quebraban; las curvas se cerraban... sí, yo le vi muchos dibujos y bordados, eran delicados y hermosos...

—Estas cosas no le importan a nuestro buen amigo

Vidal. Él está muy preocupado... —dijo don Enrique.

—Parece que los Mosácula lo han perdido todo, que los bancos se van a quedar con la casa de Roland —dijo Vidal.

—Cuantísimo me extraña —dijo doña Manolita— que los Mosácula se arruinen, se me hace tan raro como si el sol se quedara sin calor.

Vidal aseveró:

—A mi me lo ha jurado de rodillas, porque se me ha puesto literalmente de rodillas, cuando le dije que le iba a cerrar la factoría. Me ha dicho que si no cumple el contrato que ha firmado con Argelia, para suministrar más de ocho mil toneladas de todo tipo de carne, se arruina.

—Raro, rarísimo. Pero, al fin eso no es su responsabilidad —exclamó doña Elvirita—: usted no hace más que cumplir con su deber.

Vidal se pasó una mano por el pelo.

—¡Qué tipo, Dios mío, este Ezequiel Mosácula! —dijo—: Fuimos a la planta y me hizo de guía. ¿Creen que se disculpó, que trató de conseguir una prórroga más para corregir todas las deficiencias?

Del pasillo, dejando una estela de sigilo tras de sí, les llegó otra voz femenina, idéntica a las dos anteriores.

—Presumiría como un pavo real enseñando esa ruina de fábrica, ¿a que sí?, ¿a que hinchaba el pecho y se pavoneaba? —dijo la voz.

Era doña Marujita, la otra cuñada de don Enrique, la más joven, que también vivía con ellos. Traía las gafas en una mano y un periódico en la otra. Vestía una bata igual que la de sus hermanas. Era la más alta de las tres y tenía la mirada extraviada. Encendió la luz de una pantalla de pie y se sentó al otro lado del velador donde estaba el teléfono.

—¿Para qué enciendes? —preguntó doña Elvirita.

—¿Y cómo quieres que lea? Si no puedo dormirme —contestó la otra.

Vidal se había levantado otra vez, se disculpaba con mucho apuro.

—Lo siento en el alma. Y todo por mi culpa.

—¡Qué va!, ¡qué va! —negó doña Manolita— Maruja se pasa la noche con los ojos abiertos. ¡Qué más quiere ella que un poco de cháchara!

—Yo también, a pesar de ser muy pequeña por entonces, recuerdo la llegada de Blanca Pérez Ansa —dijo doña Marujita, dulcificando extraordinariamente el chillido de su voz—: yo también la vi el día de la boda por el Rey Bueno en el descapotable. La vi desde los brazos de papá. Y recuerdo muy bien las banderas y los gallardetes y los pétalos de rosa y los confetis y todo lo que decís. Pero nada recuerdo del presidente de la República. Por el contrario, durante mucho tiempo creí que ese día habían entrado en la ciudad los reyes de un país nórdico, unos reyes de película. Ella vestía, sí, de blanco satén, con un tocado de diadema y un velo hasta los ojos, tenía la piel blanca, extraordinariamente blanca, y las mejillas rojas, dos rodetes de sangre venturosa, la señal de la salud y la belleza en quien ha enfermado de amores. ¡Ah, qué hermosa era y qué enamorada parecía!

Sonreían las dos hermanas mayores con arrobo. Y doña Marujita continuó:

—Lo que nunca pude ver fue su casa. Mamá también me llevó a verla, aunque más tarde que a vosotras, cuando ya la guerra la había trastornado y recibía en el patio de la casa: era la Cenicienta otra vez en el fogón de la madrastra. La recuerdo sentada en una mecedora, rodeada de papeles caídos por el suelo, reclinada hacia atrás mirando al cielo como si tomara el sol pero sin tomarlo porque el sol apenas penetraba en aquel patio. Blanca escribía entonces poesías y mamá quería saber de sus labios si gozaba yo de algún talento para la escritura. Aún recuerdo el cristal dulcísimo de su voz y su mirada ardiente y dolorida. Había compuesto un poema o un cuento que hablaba de dos hombres: el hombre del corazón cerrado y el hombre del corazón abierto. Ella quería al hombre del corazón abierto pero pertenecía al hombre del corazón cerrado. Qué extraño lugar para leer un poema, qué extraño lugar para una reina; tenía los ojos verdes y los brazos largos, era delgada y rubia, su cuerpo resplandecía bajo la túnica, porque yo la recuerdo así como con túnica, igual que un ángel... Diréis que soy una tonta, ya lo se, pero a mi me parecía que la mecedora en la que se sentaba se alzaba, como por magia, unos palmos del suelo. He oído decir que se ha muerto ya y que la han enterrado allí mismo, bajo el cemento de ese mismo patio donde se pasaba las horas, por eso han cegado la puerta, esa cristalera que permitía el acceso desde la portería.

—¡Tonterías! —dijo doña Manolita—: El día que se muera se irá a Puente Cautivo como todas.

Vidal se levantó para irse. Don Enrique le acompañó hasta la puerta.

—Pero fíjese don Enrique en mi responsabilidad de ahora. Le aseguro que es un problema terrible para mí —dijo Vidal ya en el pasillo.

Alguna de las mujeres o las tres a la vez gritaron desde la sala como una sola voz:

—Usted no sea tonto. Usted cumpla con su deber, Vidal, qué se cree esa gente.

II. Don Enrique

La sentencia no salió de labios de don Enrique sino de los del licenciado Miralles. Quizá la sentencia era muy anterior a esa tarde, quizá ni siquiera había nacido allí en la amplia balconada que daba a la plaza de don Alonso de Guzmán, río por medio, frente a la casa de Roland. Aunque, a decir verdad, el licenciado Miralles había inclinado la cabeza, poniendo la vista paralela al suelo y cerrando el ojo izquierdo, y lo que había visto por el derecho, que no podía ser de mucho valor astronómico dado el resplandor de la ciudad, parecía haberle hecho meditar, de tal modo que cuando la sentencia salió de sus labios lo hizo como por efecto de lo que acababa de ver a través del telescopio.

—Los Mosácula son hijos del páramo como los cactus son hijos del desierto: se apropian de los jugos que hay en su entorno, resecan el terreno en que se instalan e impiden que crezca nada a su alrededor, mientras que ellos se hinchan y aparecen frescos y lozanos, robustos y voluminosos.

Esto dijo el licenciado Miralles, como si necesitase de una perspectiva sideral para poder expresar con desgana una opinión sobre sus convecinos. Y es que, allí mismo, a poco más de quinientos metros, detrás de la estatua negra de Alonso de Guzmán se adivinaba la mole más clara del edificio Roland, una masa grisácea que parecía sostenerse entre las sombras como un trozo de planeta.

—¿Pero viene o no viene? —preguntó don Enrique.

—Tiene que estar al llegar. Es él quien nos ha pedido que os reuniéramos a tomar una copa. Y fíjate qué día, de guardia que estamos.

—Es un muchacho con personalidad.

—Y tanto. Uno de los más extraños Mosácula que ha habido nunca. De jovencito, una vez que se enfadó con Orencio, su padre, que en paz descanse, salió de casa de un portazo y se fue hacia los barrios altos, muy cerca de la catedral, frente a los almacenes Tomé. Había allí todavía un transformador de la luz, de esos que se guardan tras una puerta con la señal de la calavera y las tibias como aviso de peligro de muerte, y se metió en él. Se subió a la entreplanta y acurrucado como una alimaña, en un lugar incómodo hasta para un conejo, y fijaros la humanidad que tiene, se estuvo allí, sin salir, que yo sepa, cuarenta días y cuarenta noches. Tenían entonces los Mosácula una mujer de Aviados del Páramo, una de tantas como han tenido siempre de Aviados, Benilde se llamaba, que le llevaba todas las noches, de la mano de Blanquita, entonces una niña todavía, la comida, siempre la misma, un bocadillo de chorizo y una zanahoria... Vinieron los de Iberduero a sacarlo, luego los bomberos, luego la guardia civil, pero sólo su padre Orencio Mosácula lo logró.

Entró la señora de Miralles a la terraza con una bandeja en la que había una botella y cuatro copas y al oír el final de la anécdota sonrió.

—Blanquita, si, menuda lumia... —dijo.

La señora de Miralles vestía una blusa oscura con amplio escote redondo en el que mostraba un collar de perlas abultadas. Adornaba sus muñecas con varias pulseras de oro y un reloj engastado en piedras preciosas. Era muy risueña, de baja estatura, muy ancha y muy gruesa, con la piel anatada, por lo blanca y por lo fresca. Era enérgica también, con mando en plaza.

—Aquí está el whisky —dijo.

—Es especial para nosotros —aclaró el licenciado Miralles—: nos lo envía desde América Guzmán Trapote.

El licenciado Miralles, de mediana estatura, tenía una calvicie casi total de brillo satinado, un brillo que parecía relumbrar en toda su piel, en el cuello, la cara y los antebrazos. Su rostro concentraba el acartonamiento de las máscaras, parco de muecas, cargado de afeites. Los ojos, sin embargo, vistos en descomunal aumento a través del vidrio de sus gafas, eran móviles y ágiles y tendían a extraviar la órbita hacia arriba como la luna que se mueve y pierde su reflejo en el pozo. Vestía una camisa a rayas de manga corta, una corbata verde y unos pantalones, muy anchos a cuadros también verdes que sostenía por dos tirantes que prolongaban en su pecho la rectísima raya de sus pantalones. Los zapatos, veraniegos, eran de color blanco por su cara superior y marrones a los lados. Tenía un andar ligero y ruidoso de bailarín de claqué.

—¿Dónde preferís aquí o en el salón? —preguntó la señora Miralles—: Decidiros.

23

—Esto está bueno para ver los astros, pero quizá esté demasiado fresco.

—Viene con la señora Mosácula. Acaban de cruzar el puente —anunció el licenciado Miralles que seguía mirando por el telescopio.

—¿Les has visto?

—Les he visto.

—Es muy sosina —dijo la señora Miralles.

—Sí que lo es.

—Bueno, ¿dónde tomamos la copa? —volvió a preguntar el licenciado Miralles.

—Mejor en el salón, que aquí se siente el fresco en seguida —dijo la señora Miralles.

—Sí, vámonos al salón porque desde la terraza a veces no se oye ni el timbre de la casa —dijo el licenciado Miralles.

—¡Ahora está sonando! —dijo el licenciado Miralles.

—¡Es el de la farmacia!

—Ellos no pueden ser todavía.

—¡No lo decía yo! —dijo el licenciado Miralles—: Mejor vayamos al salón.

El licenciado Miralles se apresuró a atender la llamada. Resonaron sus zapatos con sorprendente vivacidad, sus tacones, y aún sus suelas, golpeaban ostensiblemente la tarima.

La señora de Miralles y don Enrique entraron al salón.

—¿Dónde te sientas? —preguntó llevándole, sin embargo, hacia un tresillo dispuesto alrededor de la chimenea francesa.

—¿Me perdonas? Ahora estoy con vosotros, que la noche que estamos de guardia se me subleva el servicio. Y ya no es como antes. Serviros vosotros mismos.

Caminó hacia el interior de la casa, taconeando,

con paso sorprendentemente ágil, con andar jacarandoso.

El salón amplio y con varios rincones tenía sin embargo una caracterización fatal de lugar de tránsito, y no porque pareciera un pasillo, que a su modo lo era, un pasillo muy ancho que comunicaba vestíbulo y terraza con el acceso a las otras habitaciones de la casa, sino porque evocaba una sala de espera, un vestíbulo de estación o de aeropuerto. Desde allí don Enrique veía al licenciado Miralles manipular el visor de circuito cerrado de televisión que subía imágenes de la puerta de la farmacia y también al licenciado Miralles mientras cubría con su funda de cuero el telescopio.

—¡A ver la receta! —decía el licenciado Miralles que atendía a la farmacia—: ¡En el tubo, introdúzcala en el tubo! ¡Así no, coño, recta! ¡Ahora ciérrelo!

Le dio luego a un botón y el papel fue succionado por la larga tubería hasta las manos del licenciado Miralles. Sonó entonces el timbre de la puerta y el licenciado Miralles estiró uno de los brazos hasta que pudo descorrer el cerrojo.

—Pasar, pasar —gritó.

La señora de Mosácula, la cara redondita, la piel tersa, los ojos achinados y lacrimosos, era mucho más ancha por abajo que por arriba. Vestía de colores claros y llevaba unos pendientes dorados con pedrería de mucho bulto, una gargantilla de coral, dos sortijas en la mano derecha, una, en la izquierda y varias pulseras de platino, oro y pedrería. Ezequiel Mosácula, grueso también, aunque mucho más alto que ella, parecía transformar en ligereza propia la alhajada gravidez de ella.

El licenciado Miralles les condujo al salón donde saludaron a don Enrique.

—Ahora perdonad, un momento —dijo, enseñando la receta en la mano—. Pero serviros, por favor, que ahora mismo estoy con vosotros.

Taconeó por el ancho pasillo hasta una habitación que se abría al fondo y que tenía una iluminación amarilla que se posaba como un sudario sobre los estantes repletos de frascos y cajas, una luz que parecía encerrada en sí misma, que marcaba la frontera entre aquel cuarto y todas las demás habitaciones de la casa.

Entró el licenciado Miralles desde la terraza y saludó a los Mosácula:

—¿Te gusta el whisky o te pongo otra cosa, Milagritos?

—A mí como a todos, por favor.

—Te participo que es un whisky buenísimo. Nos lo sigue enviando cada catorce de abril, especial para nosotros, el licenciado Trapote —dijo el licenciado Miralles, mientras llenaba una a una las cuatro copas, siendo capaz, a pesar de lo mucho que le temblaba el pulso, de llenarlas a la misma altura sin derramar una gota—: ¿Te acuerdas, Enrique, de Guzmán Trapote? Aquel que se fugó de San Marcos al final de la guerra, tomó un barco en el Ferrol y de puerto en puerto recaló en Pernambuco. De allí pasó a Barquisimeto, en Venezuela, y de allí a Cuba... no se sabe cómo se hizo con una distribuidora de alimentación y bebidas y cuando tomó el poder Castro dio el salto a los Estados Unidos, pero no fue a Miami como la mayor parte de los cubanos refugiados, sino a Pensilvania. Montó una destilería de whisky y hoy tiene una fortuna en dólares capaz de comprar

26

esta ciudad, con nosotros dentro y la catedral incluida...

—¿No fue novio de Carmina?

—No. Bueno, a lo mejor tontearon... de muy jovencitos.

Y miraron todos el retrato de la chimenea. Un óleo de tonos celestes, muy abrillantado, como si tema y fondo se aunaran para acotar un cielo en el que resplandecían algunas nubes blancas, y que, sin embargo, era el retrato de Carmina Miralles, una jovencísima Carmina Miralles de mirada inane, de aspecto de maniquí, falta de animación, despojada de fuerza y estímulos. El retrato debió ser hecho copiando una foto que aparecía enmarcada sobre uno de los estantes de la librería a la derecha de la chimenea.

—Como se parece a Marujita, tu cuñada, Enrique —dijo la señora de Mosácula.

El licenciado Miralles se llenó de una sonrisa luminosa.

—¡Cuánto no luchó por la democracia nuestra hermana Carmina! —exclamó.

Don Enrique corroboró las palabras del licenciado Miralles.

—Pocas mujeres hicieron tanto por la República como ella. Es verdad.

—Y su muerte, Enrique. Y su muerte, que fue un asesinato, un auténtico asesinato. Y tú lo sabes, Enrique, y tú lo sabes —añadió con un arrebato de pasión el licenciado Miralles.

Don Enrique le miró con repentina seriedad, escrutando su rostro.

—Y no nos han pagado un duro —añadió el licenciado Miralles.

—Es vergonzoso.

—Todavía es el día que seguimos esperando una pensión, algo, porque cuando ella murió, cuando la asesinaron, había sacado las oposiciones y había tomado posesión. Era Facultativa Farmacéutica del Estado...

—¿Es que eso no da derecho a cobrar siquiera unas pesetas?

—¡Ni un duro! —repitió el licenciado.

—Sí que se parece a mi cuñada, sí.

Volvió el licenciado Miralles y se colocó frente al visor del circuito cerrado. Gritó por el audífono:

—No hay. Este medicamento está agotado. Lo tenemos solicitado pero aún no ha llegado.

Un sonido ronco y desagradable salió del audífono, una voz que triturada por los cables se convertía en el rugido de una fiera.

—¡Vaya a otra farmacia! —dijo el licenciado Miralles con enfado—: ¡Qué quiere que le haga!

Desconectó el circuito pero en seguida volvió a sonar el timbre. Lo hizo tres veces, con mucha impertinencia.

—¡Qué! —dijo el licenciado otra vez ante el visor.

Lo que oyó acabó de ponerle fuera de sí.

—¡Que no, hombre, váyase a otra farmacia! ¡Allí le darán de todo!

La voz insistía.

El licenciado Miralles gritaba sin ningún comedimiento.

—Ya lo tenían que saber de siempre: los preservativos no son medicamentos de urgencia. Donde le den a usted lo otro le darán también eso. Así que váyase usted a paseo, señor.

La voz insistía.

—¡Animal, que es usted un animal! —replicó el licenciado Miralles—: ¡Un condón es lo mismo que un preservativo!

Mientras el licenciado Miralles gritaba de esa manera, el licenciado Miralles salía a la terraza y descubría el telescopio que trataba de orientar hacia la calle, lo que aprovechó Mosácula para hablar al oído de don Enrique:

—¿Quién es el mayor? —preguntó Mosácula.

—Quién es quién, querrás decir, amigo mío.

—¿No los distingues?

—Y quién los distingue si entre los dos han hecho uno.

—¿Y eso para qué? —preguntó la señora Mosácula.

—¡Para qué va a ser! —contestó con alguna brusquedad su marido.

—¿Para qué?

—¡Por la farmacia, tonta!

—¿Por la farmacia?

—Sólo el mayor —aclaró don Enrique—, el que es de mi quinta, tiene título de farmacéutico; si fallece antes, como es de suponer, el pequeño podrá hacerse pasar por él.

—Así la farmacia está asegurada —comentó Mosácula.

—Pero, ¿y Adela?, ¿quién de los dos está casado con Adela?

Pero ya entraba en el salón el licenciado Miralles.

—Lo que hay que aguantar. Un chorizo detrás de otro. Chorizos y mangarranes...

La señora Miralles entró en el salón. Tenía la mirada fija y levantada, casi como el hocico de un animal al que se conduce por una correa. Sonreía.

—¿Cómo estáis?, ¿cómo estáis? ¡Mila, mujer, no nos vemos nada!

Las mujeres amagaron un beso en cada mejilla y Mosácula levantado acercó su boca a la mano tendida de la señora de Miralles.

—Ya nada es como antes. Ya veis lo apurados que vivimos. Una guardia nos trastoca por completo —dijo.

—¿Qué pasa con el mancebo? —preguntó don Enrique—: Desde que murió el pobre Corsino, os chupáis todas las guardias...

—No hay en quién confiar —dijo el licenciado Miralles, con una luz especial en los ojos, con un énfasis peculiarísimo—: ¿Tú me entiendes, Enrique?

Se sentó también y tomó otra copa de la bandeja que había en la mesa baja de cristal. Bebió un sorbo que remató con un ruidoso chasquido de la lengua. Luego dijo:

—Bueno, Ezequiel, cuéntanos.

Mosácula dijo:

—Pues sí... Es este Vidal Ocampo, discípulo tuyo, que yo sé el mucho caso que te hace.

—Todo lo que digas es poco.

—No creas —protestó don Enrique.

—He tenido un encontronazo con él. He instalado una línea de «corned beef». Se la he comprado de segunda mano a un industrial de Mondoñedo que la usaba para hacer una mezcla distinta, una especie de pastel de paletilla y magro... Nosotros, Enrique, y yo te invito a que lo veas, les invito a todos, tenemos nuestros propios sistemas de investigación. No sólo hablo de tecnología sino de mercado. Por eso nos hemos pasado al «corned beef». Nosotros ahora mismo somos capaces de adaptar cualquier línea y de hacerla funcionar en perfectas condiciones. Por eso me ha molestado saber lo que Vidal anda diciendo por ahí: que si la línea es una chapuza deslabazada y sucia, con extraños añadidos aquí y allá; que si funciona con el motor de un Mercedes...

—Si la Mercedes no se dedica a la alimentación.

—¡Claro que no! Por eso me desacredita lo que dice. Y todo porque cree haber identificado el radiador de un Mercedes, la parte externa de un motor, que nosotros, por otra parte, jamás hemos ocultado, porque está allí bien a la vista de todos con su anagrama de acero... Pero yo digo, ¿es malo aprovecharse de los propios recursos? Ese radiador además perteneció al coche que trajo a mis padres cuando se casaron, el mismo en el que entraron en la ciudad cuando vinieron desde Covadonga... Y digo yo: ¿acaso eso no es tecnología Mercedes?

Don Enrique enarcó las cejas. El licenciado Miralles pareció asentir. Mosácula esbozó una mueca que pronto se afianzó en una sonrisa.

—¿No te lo ha comentado Vidal? Yo creo que todo empezó a torcerse cuando entramos en la sala de sacrificio en el momento en que se estaba degollando a un animal. Había que verlo. El bicho, ya no sé si era una cabra o qué era, se había escapado y el pobre matarife lo perseguía a mazazos por el foso, el animal con las patas atadas huía a saltos...

—No sigas, Ezequiel, por favor —dijo la señora de Mosácula.

—No seas niña. No seas como Vidal. ¿Sabéis lo que me dijo?: Que era la escena más horrible que jamás había visto. Eso me hizo pensar. Eso me hizo pensar a mí, ¿comprendéis? ¡Valiente inspector jefe de sanidad! Ni el animal escapaba lleno de angustia,

31

como dijo, ni el matarife le perseguía con una sonrisa feroz, como dijo también. El pobre matarife además, que tenía una pata de palo y que corría con dificultad por el suelo resbaloso...

La señora Mosácula se movió incómoda en el sillón.

Don Enrique volvió a escrutar el rostro del licenciado Miralles.

Hubo una pausa que Mosácula rompió:

—Pues, como decía —y quizá aquí fue donde yo cometí un desliz—, mientras el animal berreaba como un condenado, en ese ambiente un poco incómodo que ya teníamos, le dije, escúchenme bien, por favor. Le dije: esto es el último grito.

En ese momento sonó el timbre de la farmacia.

—¡Vaya! —exclamó el licenciado Miralles—: Ahora te toca a ti.

Se levantó el licenciado Miralles y se dirigió al vestíbulo. Miraba por el visor y atendía la llamada pero también quería oír lo que contaba Mosácula. Le pasaron la receta, la leyó y se fue a buscar el medicamento a la habitación del fondo. Al pasar por el salón, preguntó:

—¿Cómo fue?

Mosácula repitió:

—Le dije mientras el animal gritaba: esto es el último grito. Sí, lo que oís. Esto es el último grito. Y lo dije con una cierta solemnidad. Dos veces. Lo dije absolutamente convencido porque uno conoce a la perfección su propia industria.

Don Enrique hizo un gesto de perplejidad. Mosácula añadió:

La señora de Miralles dijo:

—¿Qué haces ahí? ¡Vete por el medicamento, por Dios!

—Vete a por el medicamento que te espero.

Y en la espera Mosácula preguntó:

—¿Qué crees, Enrique?

—¿Gritaba el animal? —preguntó don Enrique.

—¿Que si gritaba...? ¡Vaya que gritaba! ¡Es natural! ¿No? Aullaba casi como un niño tratando de escapar de la muerte. ¡Qué digo como un niño! Me recordó a una rata que matamos en el patio de luces, cómo chillaba la condenada porque sabía que no tenía escapatoria. Ese fue otro error sin duda. Estoy seguro de que Vidal creyó que me burlaba de él.

—Es que a veces no tienes tacto —dijo la señora de Mosácula.

—¡Por favor! —dijo él, que añadió—: ¿Qué opinas Enrique? Yo se que tienes mucho ascendiente sobre él.

—No me ha comentado nada de eso. Me ha hablado de otras cosas, de falta de higiene en general...

—Es eso don Enrique —dijo la señora de Mosácula con una insólita fogosidad—. Se creyó que Ezequiel le estaba tomando el pelo. ¡Es un chico acomplejado! ¿Se dan cuenta? Mientras el animal gritaba, Ezequiel le decía: esto es el último grito. ¿Ustedes qué pensarían?

El licenciado Miralles gritó desde el almacenillo:

—¡Esperar. Esperar!

—¿Que qué pensaría yo?

—Sí, sí, Enrique, porque yo no me refería al último grito del animal —dijo Mosácula.

—¿No?

—¿No? —repitió el licenciado Miralles que volvía con el medicamento en la mano.

—No, por Dios que no: me refería a la maza.

—¿A la maza?

—¡Espera un momento, por favor! —suplicaba el licenciado Miralles que se acercó al visor y pidió el dinero por adelantado.

—¡Pues si no hay dinero, no hay medicamento! ¡Vamos, que no voy a estarme aquí hasta mañana!

—¡Aguanta un pelo, por favor! —volvió a pedir a gritos.

Y ante lo que oyó por el audífono se sintió obligado a dar una explicación:

—¡Que no es a usted, demonio, que si quiere usted el medicamento ponga en la bandejilla las mil seiscientas pesetas!

Le obedecieron y pulsó el botón. El tubo succionó el dinero con fuerza y el licenciado Miralles lo recibió a dos manos. Era un billete de mil y seis monedas de cien.

—¡Estas monedas son una nueva complicación!

Luego avisó al de abajo.

—Cierre el tubo y apártese, que a veces toma mucha fuerza. —Y cuando se hubo asegurado de que todo estaba en regla volvió con los demás.

—No sabéis lo que es esto. ¡Qué clase de público viene! Hay que avisarles de que se aparten para que no les golpee, hay que avisarles de que no abran el tubo para que no se caigan las medicinas al suelo, hay que decirles dónde y cómo tienen que meter el dinero... Menos mal que una vez a un chorizo que vino a por droga le metí un sarretazo por el tubo a toda presión que lo dejé más de media hora groggy en la acera... Pero, con todo, no hay seguridad.

—Pues como decía —dijo Mosácula—: el último grito era la maza. Yo me refería a la maza.

—¿A la maza?

—¡A la maza, a la maza...! —exclamó Mosácula— ¡Naturalmente! —estaba ufano, eufórico, apasionado—. Esta maza, aunque no lo creáis, es el último grito de la tecnología alimentaria. Esta maza es el mejor sistema de sacrificio, mucho más avanzado que esos electrodos que han impuesto los americanos. Es una simple maza de madera forrada de guata. ¿Os dais cuenta? Es tan simple como eso. Es como el guante de boxeo sobre la cara del boxeador, evita el daño, ¿entendéis?, atonta pero no daña. Es un método limpio, rápido y eficaz. Y es un invento nuestro, de «Industrias El Paramés S. A.». Cuando el animal recibe la puntilla está ya absolutamente atontado.

—A ver: que yo me entere —dijo el licenciado Miralles.

—La maza, la maza, era el último grito. ¿Entiendes? No el grito del pobre animal, sino el instrumento de sacrificio: la maza.

—¡Qué divertido!

Mosácula esbozó una sonrisa autocompasiva. Luego añadió:

—Ese día no estábamos de suerte. El cojo trató de enganchar al animal con un hierro para alzarlo. Pero el bicho no estaba todavía suficientemente aturdido y movía la cabeza y también la lengua y los ojos y, cuando sintió su piel atravesada por encima del jarrete, abrió la boca y vocalizó ostensiblemente... Vidal no pudo más, tuve que agarrarle para que no se desmayara...

—No me extraña —dijo la señora de Mosácula.

—Calla —dijo su marido que añadió—: y es que este Vidal es un flojo. ¿Cómo podemos tener estos inspectores de sanidad? ¿No me dijo que creyó haber oído su nombre en labios del animal? ¡Es increíble!, ¿no?

—¿Y qué dijo el animal?

—Por Dios, Enrique, nada, ¿qué va a decir? Emitió un sonido ininteligible, que no fue un grito, que fue como una tos, o algo así. Movió el hocico arriba y abajo, como si dijera mon que te pon o pon que te mon, o algo así... Reconozco que a mí eso también me hizo pensar...

—¿Mon que te pon?, ¿pon que te mon?

—Si, Enrique, mon que te pon o algo así. El maldito cojo le sacudió entonces otro mazazo fenomenal, así como estaba, suspendido en el aire, que le hizo bambolearse a un lado y a otro como uno de esos balones de la ola... Y Vidal no lo resistió. Eso es todo.

Don Enrique sonrió con escepticismo.

—Mon que te pon —dijo como para él mismo.

—Yo sé que ha decidido cerrarme la industria —añadió todavía Mosácula—: y no se lo voy a tolerar. Tengo a las autoridades de mi parte, como es natural. Si no fuera por la ausencia del alcalde Polvorinos durante tantos días y esa moción de censura que ahora quieren hacerle, ya lo tendría todo arreglado. Por cierto, Enrique: ¿Cómo se puede abandonar así la Alcaldía, durante un mes?

—La política, amigo mío. De repente nuestros políticos han descubierto la existencia de un héroe de nuestro tiempo.

—De nuestro tiempo, no, de tiempos de la República...

—Mira lo que te digo: la Segunda República fue tan moderna, tan moderna... que entiendo que en estos tiempos de posmodernidad todos se vuelvan a ella.

36

—Tengo entendido que Jaime Gutiérrez, tu sobrino, se ha quedado todavía unos días más...

—Así es. Ese chico se ha tomado la concejalía de Cultura demasiado a pecho y aunque él votó en contra de que se hiciera el viaje, ahora se niega a regresar sin haber cumplido la misión.

—¿Se quedará a pesar de la moción de censura?

—Ya te digo que él, precisamente él, y creo que sólo él, votó en contra del viaje. Por eso no acabo de comprender cómo los mismos concejales que aprobaron por unanimidad enviar una delegación a la Patagonia para entregarle a Chacho la medalla de hijo predilecto de la ciudad, pretenden ahora censurar al alcalde. Alegan malversación, despilfarro, abandono de puesto... ¡yo que sé!

—Yo digo que tampoco es para tanto, ¿no?, ¡un futbolista...! —dijo la señora de Mosácula.

—Chacho fue un ídolo en esta ciudad durante la República —dijo el licenciado Miralles.

—Chacho fue mucho más que un futbolista —dijo don Enrique que cruzó su mirada con el licenciado Miralles.

—Chacho fue un hombre muy importante —dijo el licenciado Miralles.

—¿Y qué va a pasar con la moción de censura? —preguntó Mosácula.

—Buena pregunta, sí señor —contestó don Enrique.

—Yo no creo que puedan con Polvorinos —dijo Mosácula.

—Ni yo tampoco, desde luego —corroboró don Enrique que, tras una pausa en la que recordó al jugador de cartas que guarda la combinación ganadora, añadió—: pero si Jaime no regresa a tiempo para la votación, la moción está perdida. ¿No?

Mosácula tragó saliva.

—Pero en definitiva, ¿qué se le censura? —acertó a decir—: ¿La duración del viaje o que no encontrara a Chacho?

Don Enrique se encogió de hombros. La señora de Mosácula dijo:

—¿No te digo? Si no lo encontró sería porque no estaba, ¿verdad?

Y este comentario que parecía dictado por la tenue hilaridad de una verdad de Perogrullo fue suficiente como para levantar al licenciado Miralles de su asiento y llevarlo otra vez al cuarto de las medicinas, donde encendió la luz y se dedicó a un súbito y desordenado trajín.

Don Enrique desvió entonces la conversación.

—Bueno, pues por lo que tanto te preocupa, Ezequiel, pierde cuidado. Yo mismo le he aconsejado a Vidal que retrase su decisión, que la medite bien. Y me va a hacer caso —dijo don Enrique.

El licenciado Miralles regresó.

—No ha de llegar la sangre al río —subrayó don Enrique.

Mosácula esbozó una mueca que pronto se afianzó en una sonrisa.

—La cosa viene de atrás.

—¿Cómo de atrás?

—Sí. De atrás, de atrás... —añadió la señora de Mosácula.

—¿Sabéis lo que me dijo cuando le enseñé la línea de magro? Me dijo: ¿qué es esta cochambre? Eso ya me hizo pensar a mí, ¿entienden?

—No hay derecho —dijo la señora de Mosácula—. Un funcionario tiene que estar siempre en su sitio.

38

—Eso es lo más difícil que hay en la vida —dijo la señora de Miralles.

—¿Sabéis mi respuesta? Yo os la digo. Le dije: de esta *instalación* me han hecho los americanos un reportaje para una revista de tecnología alimentaria. Un reportaje a todo color. Así le dije.

Y, tras una pausa, preguntó:

—¿Podrías echarme una mano Enrique? Tengo que evitar el cierre de mi industria.

—No se atreverá —dijo el licenciado Miralles.

—Me han llegado noticias muy preocupantes. Y el perjuicio que me puede causar es incalculable.

—Él me ha hablado de un contrato que tienes firmado con Argelia.

—Hay mucho más de lo que ya os hablaré. Por eso lo peor que nos puede pasar es caer en manos de la prensa y por una cosa tan tonta como una maza de sacrificio. ¿Me ayudaréis?

—Pierde cuidado. Yo sé muy bien cómo tratar a Vidal —dijo don Enrique.

—No se debe envidiar al que sabe ganar el dinero —dijo el licenciado Miralles.

—Desde luego —dijo el licenciado Miralles.

Cuando don Enrique y los Mosácula salieron a la calle, el Rey Bueno brillaba. El aura de las altas farolas inflamaba la atmósfera de una densidad transparente y azul, que se pegaba a los coches y a las personas.

—¿Son mellizos o no lo son don Enrique? —preguntó la señora de Mosácula—: Usted debe conocerlos bien.

—¿No le digo? Uno es de mi quinta, el otro quince años más joven.

—¡Imposible!

—Quince años más joven.

—¡No me lo puedo creer!

—Lo que oye.

—Pero si son iguales. Si parecen mellizos.

—¿Con quién de los dos está casada ella, don Enrique?

—Con el mayor.

—¿Con el mayor?

—Sí, con el mayor.

—Pero ¿quién es el mayor?

—¡Ah! Yo sí sé quién es. Pero tú no puedes saberlo. Yo siempre, tarde o temprano, acabo descubriéndolo.

—Yo no viviría así.

—Ni yo tampoco. Es el dinero, señora mía. O, como se dice ahora, las pelas.

—¿No se da cuenta, don Enrique? La convivencia de los dos hermanos con la misma mujer es una invitación al crimen —argumentó la señora de Mosácula—. El más joven se quedaría así con todo: con la farmacia y con la mujer —y añadió—: ¡Pobrecilla!

—¿Por qué, pobrecilla? —dijo su marido—: ella lleva siempre las de ganar.

Don Enrique enarcó las cejas.

—¿No es eso una película de Hitchcock?

Se deslaían las sombras más negras en el horizonte lejano. Y sobre el costado derecho de la casa de Roland se encendieron dos estrellas, una más grande, la otra más chica, la más grande encima, la más chica, inclinada al oeste, debajo.

—¡Ah!, siempre están ahí —dijo don Enrique—: ¿Las veis? Son siempre las primeras en salir. Una grande y otra pequeña. Son como un padre y un hijo. Siempre a la misma prudente distancia, siempre al cuidado la una de la otra.

III. El viejo combatiente

Vidal tomó su nuevo **BMW** y se dirigió hacia el centro. No se atrevía a entrar en casa de Laura. Desde que había vuelto a tener tratos con los Mosácula se sentía más dominado que nunca por un fantasma, la sombra de un ser que vivió en la ciudad y del que se sentía profundamente enamorado. Llegó al pie de San Juan, donde el estrechamiento de la calzada, entre los cubos de las murallas y las casas del otro lado, se cuajaba en una sombra tupida, a cuyo final deslumbraba, como a la salida de un túnel, multiplicado contra los lienzos dorados de la basílica, el fulgor del poniente que penetraba sin obstáculos por el hueco que abría la calle del Rialto.

Dos camiones trailer con la señal de «Vehículo largo» en sus cajas, cargados con jaulas llenas de cerdos, se hallaban estacionados precisamente allí, ocupando la mitad de la calzada de dirección única. Vidal condujo el coche muy despacio y miró hacia las jaulas. ¿Adónde irían? ¿Quizás a «Industrias El

Paramés»? Los animales, bajo aquel sol de sofoco, se hacinaban inmóviles, los hocicos de unos encima de los lomos de otros, las patas escurriéndose por entre los barrotes como piezas deslabonadas de un rompecabezas. Tenían la piel sonrosada y limpia, una piel que muy pronto sería traspasada por la hoja de un cuchillo.

Entre los dos camiones llevarían cerca de cuarenta mil kilos de carne; de carne, sí, pero también de seres vivos, de individuos que respiraban como él mismo, que gustaban de copular y de comer, que disfrutaban del ejercicio y del descanso, del aire libre y de la noche... seres que iban a morir en seguida, individuos sin derecho a la individualidad, seres que se difuminarían en el aire sin dejar señal ni huella de su paso, tal y como si nunca hubieran existido. ¿Puede una vida, esa obstinada obediencia a afectos y pasiones, ser tan nimia como una gota de agua cayendo en el desierto? Si cada uno de aquellos animales podía llegar a vivir treinta años, en los dos trailers había una potencial de vida de más de cinco mil años a punto de desaparecer. Un potencial de vida no muy distinta de la humana. Porque ¿dónde deja el hombre, cada hombre, la huella de su paso?, ¿dónde la estaba dejando él?

Los dos camiones entorpecían el tránsito bajo los muros de San Juan. Y San Juan era el más sólido pilar del puente que sobre el tiempo había construido la ciudad, una palabra de piedra, casi una primera palabra, la lápida de un yo, un yo perdido y burlado que hablaba de ese misterioso más allá en que se entierra al pasado. En sus muros bruñidos por el sol, torneados por el tiempo, ahora incorporados al presente como un brote de la naturaleza, obispos, reyes y señores daban fe de su altiva existencia, de su ambición, de sus noches y de sus días. Y toda la ciudad se hallaba así salpicada de pétreos rescoldos de orgullo, de restos de lo que pudo ser y no fue, del amago de la gloria, del intento de hablar directamente con el cielo.

Por su visión, emergiendo del hueco entre los camiones, se cruzó una sombra y frenó: un objeto redondo, una pelota. Y lo que ocurrió a continuación le pareció estarlo viviendo de atrás adelante, como se reconstruye un sueño. Estaba seguro no obstante de que su coche no había golpeado al niño. Fue la motocicleta que le había adelantado por la derecha. ¿Quién la conducía? ¿Era una chica, como creyó en principio? ¿Acaso un hombre, como pensó después? El niño había salido detrás de la pelota, había rebasado el frente de su coche sin tocarlo, pero no había podido eludir a la motocicleta, apenas un roce, la rueda contra la pierna, pero fue suficiente: el niño cayó y se golpeó contra el bordillo. Vidal echó el freno de mano y bajó del coche.

El niño yacía inconsciente sobre la acera y la pelota, que había chocado contra el chaflán del Rialto, botaba ahora en sentido contrario, vivaz y saltarina, como un perrillo que se acercara a su amo caído.

Vidal se llenó, muy a su pesar, de íntima hilaridad. El lugar, de improviso, evocó en su memoria una imagen que creyó perdida para siempre. Allí, frente a las carteleras ahora vacías del Rialto, Javier, el novio de María Elena, la mejor amiga de Blanca Mosácula, cuando hacía la mili en aviación, se arrimó contra el retranqueo de la muralla para orinar y él le siguió; aún no era de noche y en medio de la faena pasó *el pelines*, con ellas dentro, con sus caras blancas y sus ojos miradores tras los cristales.

Javier, sin que la alarma inicial fuera capaz de cortarle el chorro, dijo con desenfado: ¡Qué vergüenza que te vean meando con un soldado en medio de la calle!

Ahora Javier y María Elena se habían ido. Y Blanca Mosácula, su Blanca, también.

Vidal tomó al niño en brazos y lo subió al coche. Eso era la huella de su paso por la vida: hacer las cosas bien.

La motocicleta había desaparecido por la avenida del abate Ínsula y apenas había cuatro personas en las proximidades. Una de ellas, una señora mayor, a la que acompañaba otra, muy menudas ambas y con ropas oscuras, le dio a través de la ventanilla del coche una zapatilla blanca que había recogido del suelo.

—Tenga, que es de él. No la vaya a perder —le dijo a Vidal.

Vidal se estremeció. La tierna edad del niño y el valor incalculable de su vida parecieron simbolizarse en aquel objeto diminuto. Puso la zapatilla en el asiento delantero y volvió la cabeza hacia el niño que estaba tumbado sobre los asientos traseros. Le pareció que tenía una línea oscura sobre la frente, una línea que le nacía en el pelo y le moría en la parte baja de la sien. No era una brecha; quizá, sólo una mancha. El niño tenía la cara lívida y los ojos a medio cerrar.

Puso la marcha atrás y pisó el acelerador, pero el coche se paró bruscamente. Quitó el freno de mano y, tras dos intentos, logró arrancar de nuevo el motor. Retrocedió hasta que pudo doblar por la calle del Rialto y enfiló hacia la avenida del abate Ínsula.

Llegó al hospital sin contratiempos. Gentes de

aldea y de ciudad se mezclaban en la entrada de urgencias. Sacó al niño en brazos y se adentró en el hospital.

Varios celadores, ayudados por dos guardias jurados con pistola al cinto, empujaban sin contemplaciones a una masa de personas que pugnaba por salir de la sala de espera para ocupar el vestíbulo.

Una enfermera apareció de pronto en el pasillo. Se detuvo y puso los brazos en jarras. Era de poca estatura, fuerte y rubicunda.

—¿Qué pasa? —preguntó jaquetona.

Cuando vio la cara del niño en los brazos de Vidal cambió de actitud.

La enfermera les condujo a la entrada de ambulancias donde porfiaron en vano a la búsqueda de una camilla. Un hombre joven, un celador o cosa por el estilo, alguien que vestía la bata verde del hospital, además de una insólita gorra de visera también verde, trataba de ordenar en una fila a las personas que esperaban. Tenía maneras de militar.

De vuelta al corredor, con el niño siempre en los brazos de Vidal, encontraron a dos enfermeros que traían una camilla vacía. Tumbaron al niño en ella y la empujaron hacia un ascensor. Vidal se quedó abajo, quieto, sin saber qué hacer, frente a las puertas blancas que se cerraron ante sus ojos. Sintió entonces el golpe del ascensor que se detenía entre dos plantas y se alarmó. Al cabo de un momento las puertas se abrieron otra vez. Todo seguía igual. Los dos enfermeros a los pies de la camilla, la enfermera con la mano del niño entre las suyas. La enfermera le gritó:

—¡Usted no se vaya! ¡Alíniese con los demás!

Y otra vez se cerraron las puertas, y otra vez quedó Vidal frente a las blancas paredes de metal, paralizado y ausente, como si la única actividad de la que podría sentirse capaz, la de su mente, le hubiese sido arrebatada por aquel ascensor.

—¿Es usted el que ha atropellado al niño? —le dijo a su espalda el hombre joven de la insólita gorra de visera.

—Yo no lo he atropellado —protestó Vidal.

—Aquí no puede estar. Haga el favor... venga a Admisión a dar su nombre. Y alíniese ahí con los otros.

Vidal le siguió. Pero el otro se desentendió de él con ostentación y Vidal se encontró otra vez en la sala de llegadas. Le rodeaba una desasosegada turbamulta de personas que había conquistado tras dura batalla mayores espacios para la espera; gentes variopintas, de procedencia y edades diversas, conscriptos de un único ejército de derrotados y maltrechos que hubiera sido llamado a esa sala para uniformarse en el dolor.

Vidal creyó reconocer a uno de los individuos que se sentaba en el extremo de un banco: era el Riberano, aquel viejo soldado de la República, que había tenido abierto durante tantos años el bar «El Riberano» en el barrio húmedo, celebérrimo por sus salchichas picantes. Vidal creía que aquel hombre había muerto hacía tiempo.

Vidal se abrió paso hasta él con dificultad. Era él, sin duda. ¡Estaba vivo! Y Vidal no pudo evitar que una insidiosa nostalgia humedeciese su paladar.

—¿Cómo está usted? ¿No se acuerda de mí? Yo he ido mucho por su casa a tomar salchichas.

El otro gruñó. Y por un momento pareció que iba a escupir, un fenómeno de movimiento interno como si lanzara un puñado de saliva de un extremo a otro de la boca.

—¿Has atropellado tú al muchacho? —preguntó.

El Riberano era un hombre cenceño, bajo la boina su frente se arrugaba en pliegues muy largos y rectos y de sus ojos acuosos manaba el brillo fuerte de una tristeza que parecía la secreta antorcha de la comprensión.

—No. Ha sido una moto que se dio a la fuga.

—¡Qué cobardes! —dijo.

Y pareció referirse al mundo, no al motorista que se había dado a la fuga, sino a la humanidad entera, a aquéllos que no estaban con ellos, allí y ahora.

Vidal recordó más detalles de la muerte de aquel hombre. Y una punzante imagen de los tiempos oscuros arañó su mente. Iba en tren y era niño y en cada estación veía un cartel con la cara de un hombre que tenía la lengua fuera, una lengua ulcerosa, como podrida de lepra; el cartel decía «La ley prohíbe la blasfemia». Sabía que no era así, que aquel hombre y el rostro anónimo y patético del cartel, un rostro liso y verdoso de ajusticiado, no tenían nada que ver; pero en el sopor de su atribulada memoria nada era capaz ya de separarles. Recordó vagamente que el Riberano, tras ser sorprendido de noche con una palanqueta dentro de la catedral, había sido acusado de profanar lugar sagrado; fue encarcelado, y el obispo le condenó a la pena de excomunión. Recordó haber oído también, después de que en el bar hubiera aparecido el cartel de «Se traspasa», que una gangrena progresiva y horrible había acabado con su vida. Primero habían tenido que cortarle la pierna derecha hasta la rodilla; luego, hasta la ingle; en seguida tuvieron que hacerle lo

47

mismo con la izquierda; a continuación tuvieron que amputarle un brazo, primero hasta el codo, luego hasta el hombro y lo mismo con el otro; recordó haber oído que los médicos le habían cortado a cercén —esas fueron las palabras que oyó— hasta dejarlo en un puro muñón; luego había muerto, sin brazos, sin piernas, un medio hombre sufriente con la forma de una peonza, que cabía en el ataúd de un niño...

—¿Fumas? —le dijo el Riberano—. Me quedan dos, pero uno es para ti.

—Gracias, no fumo—. Y Vidal observó cómo sacaba un cigarrillo con una sola mano, la izquierda, y cómo se esforzaba por encender una cerilla con ella.

El Riberano encendió el pitillo, dio una pequeña chupada y lo ocultó en el hueco de su mano. El Riberano se parecía a Humphrey Bogart.

—Siempre que enciendo uno me llaman —dijo.

—¡Eh, tú! ¡Ven aquí! —le dijo el celador desde el pequeño cuartucho que se abría a la gran sala de espera.

El Riberano apagó el cigarrillo y se incorporó.

—No te digo —le dijo a Vidal, guardando el cigarrillo en el bolsillo de la chaqueta.

El celador le pidió el parte del médico que le había enviado allí. El Riberano, como si necesitara estar bien anclado en el suelo para contestar, se sentó frente a la mesa:

—Ya se lo he dado nada más llegar.

—¡No! —dijo el celador, pero en seguida empezó a buscarlo entre los papeles y cuadernos de la mesa, que en sus manos parecían evanescentes gotas de agua rodando sobre una chapa al rojo: imposibles de tocar, imposibles de coger.

48

—¡No me toques más ahí —le gritó inopinadamente la enfermera a sus espaldas—: ¿Qué buscas? ¿No has estado en la UVI? Pues vete a la UVI que seguro que te lo has dejado allí.

Se fue el celador con la cabeza baja y rezongando. Y la enfermera gritó:

—¡Que venga el del niño!

Vidal se acercó.

—¿Cómo se llama? —era la enfermera rubicunda quien, con aire dinámico y resolutivo, le hablaba, la misma que había subido con el niño y que sin duda había vuelto por la zona de la entrada principal con la que también se comunicaba aquella oficinita de Admisión.

—¿Quién, yo? —preguntó Vidal.

—No. Mi padre —contestó la enfermera.

El Riberano intervino. Su voz, que no era muy fuerte, tenía un magnífico temple.

—¡Podía ser el niño!

La enfermera pareció ruborizarse.

—¿A ti quién te ha dado vela? —replicó.

Pero lo que dijo a continuación se aproximó a una excusa.

—Siéntese —le dijo a Vidal.

Vidal se sentó. A su izquierda tenía al Riberano, inclinando el cuerpo hacia la mesa, escrutando con la vista el revoltijo de papeles; a su espalda nueve o diez personas de las que estaban a la espera. Vidal comprobó con horror el vacío de la manga derecha del Riberano que le caía en línea recta, alisada y sin volumen a lo largo del costado.

Vidal contestó a las preguntas de la enfermera relativas a su filiación y ella anotaba las respuestas a mano en un formulario. Tuvo que explicar cómo había sido el accidente y dónde había ocurrido. Y lo hizo despacio y con fatiga, porque tenía que esforzarse mucho para separar los hechos de los pensamientos, para distinguir los sucesos de las ideas. Habló de la Basílica de San Juan y de los camiones llenos de cerdos, pero nada dijo de la huella que dejan los hombres en el tiempo; habló del Rialto, de la pelota y de la motocicleta que se dio a la fuga, pero refrenó sus deseos de hablar del *pelines* y de Blanca Mosácula, de Javier y de María Elena. Y cuando hubo acabado notó algo así como un gran frescor en la nuca y en las orejas, como si el calor que provocara la animadversión de las personas que creía le escuchaban a su espalda se hubiera disipado de repente.

La enfermera le dijo entonces:

—El niño no tiene nada, un golpe sin importancia.

Las narices de Vidal detectaron por primera vez un agror intenso y, por primera vez también, se fijó en la mancha húmeda que oscurecía las axilas del uniforme de la enfermera.

—Parecía muerto ¿a que sí? —añadió la enfermera con una sonrisa, como si dijera: ¡Qué monín estaba!, ¿verdad?

El celador, que había vuelto con un libro entre las manos, sonreía.

—El doctor Iturmendi le pasó un algodón con amoníaco por la nariz y el chaval pegó un brinco... —añadió la enfermera con una risa— tal y como si se despertara de un sueño en el que estuviera a punto de coger una pelota con las manos...

Había risas en la sala de espera. Sólo el Riberano, que había vuelto a encender el cigarrillo y lo llevaba continuamente de su única mano a la boca, se mantenía impertérrito, con los ojos profundos y acuosos como dos barriles llenos de agua, desde los que miraba al mundo con las penas del ahogado.

Vidal buscó en su memoria el rostro aborrecible de quien le había informado de la tristísima muerte de aquel hombre, alguien que había capturado una mosca y que, tras arrancarle las alas y las patas, había dicho: así quedó el Riberano, el rey de las salchichas picantes. Advirtió entonces, también por primera vez, que las ropas y la figura del Riberano, su boina, su pelo, su cuerpo, todo él, se hallaban impregnados de un fuerte olor a humedad.

—De todos modos necesita estar en observación. Pero parece que ni siquiera será necesario un escáner...

—¿Puedo verle? —preguntó Vidal y añadió en seguida—: Soy amigo del doctor Iturmendi.

—¿Sí?

—Sí, soy muy amigo suyo.

—¿De don Antonio Iturmendi, de Tonchi?

—Sí, sí. De don Antonio Iturmendi, de Tonchi... un vasco muy grande, de Vitoria.

—¿Es usted doctor?

—Bueno, soy doctor veterinario. Yo estoy en Sanidad Animal... —contestó Vidal.

—Espere un momento, don Vidal —dijo la enfermera.

Llamó por el telefonillo interior, primero a un sitio, luego a otro, luego a centralita, sin que pudiera conseguir comunicar con quien quería. Se iba irritando por momentos lo que se notaba en la energía progresiva de sus movimientos y en la brusquedad con que colgaba y descolgaba el teléfono.

—Bueno —dijo—: aquí no hay quien comunique con nadie. Por favor, Macario —le dijo al celador—:

sube con este señor a la segunda, adonde la Adela, que seguro que está allí el doctor Iturmendi.

El Riberano preguntó:

—¿Y yo qué?

—¿Usted qué de qué? —dijo la enfermera.

—Mi parte médico. Se lo di a él y ya no está.

—Aquí no se pierde nada —y preguntó al celador—: ¿no estaba arriba?

El otro negó con la cabeza.

—Encontré mi libro ¿te acuerdas?: *El hombre sin atributos* de Musil. Lo había perdido el otro día.

—Ahora lo buscamos —dijo la enfermera señalando los papeles de su mesa.

El celador dijo, mientras echaba a andar y Vidal le seguía:

—No hay nada mejor para encontrar algo que buscar otra cosa.

—Don Vidal —dijo por último la enfermera—, ¿se pensaba ir fuera?

Vidal se volvió:

—¿Fuera?

La enfermera seguía irritada.

—¡Sí, hombre, fuera de la ciudad!

—Fuera de la ciudad —repitió Vidal—: no sé. Quizá. Depende...

—Aquí no hay depende, ni quizás, don Vidal. Ahora usted tiene que esperar a que el juez le diga lo que tiene que hacer... ¿Me ha entendido usted? Estos datos van directamente al Juzgado.

Vidal se encogió de hombros y siguió adelante. Todavía oyó la voz de la enfermera a sus espaldas.

—Y ojo, que no me extrañaría que le quitaran el carnet de conducir.

Atravesaron las transparentes puertas batientes y

llamaron al ascensor. En la segunda planta recorrieron un largo pasillo guiados por las voces que salían de un cuarto abierto. Se trataba de una especie de diminuta sala de espera en la que dos enfermeras y un enfermero tomaban un café; ellas se sentaban en un sofá de escay negro; una tenía la pierna doblada sobre el asiento de modo que la falda dejaba ver su rodilla anchísima y una buena porción de su muslo; el enfermero se sentaba sobre la mesa, de espaldas a la cafetera. Un moscón tabaleaba en el cristal de la ventana con obstinado zumbido. Macario preguntó:

—¿Está aquí Adela?

Las dos mujeres y el hombre se miraron. Los tres a la vez, como si hubieran ensayado el movimiento, levantaron la cabeza y llevaron una mano a la nariz para mostrarle al otro sus fosas nasales.

—¿La ves? —preguntaron.

Macario se acercó a cada uno de ellos, se agachó y miró dentro de sus narices.

—No, aquí no está —dijo.

Siguieron luego hacia el recodo y allí, donde el pasillo tenía ventanas al exterior, se encontraron a una enfermera que caminaba presurosa y concentrada en sí misma, como zarandeada por un duro ajetreo. Era de complexión robusta aunque corta de estatura; a Vidal le pareció que era otra vez la de abajo.

—Adela, buscamos al doctor Iturmendi —dijo, sin embargo, Macario.

—¡Y yo busco a las otras! —contestó destemplada.

Vidal se detuvo. Desde allí se veía muy bien el perfil de la catedral, su alargada osatura, los costillares del flanco sur, la grupa levemente alzada; se la veía con esa luz moribunda en la que los rojos más vivos boquean por las esquinas del cielo. Y la ciudad, a su lado, más que en su torno, parecía un gran nido tendido al último sol del día, el desparramado y oscuro habitáculo de un ser mitológico, un animal con cabeza de mujer, alas de águila y cuerpo de león.

Vidal y Macario completaron una vuelta a la segunda planta. En el mismo lugar de donde habían partido, frente a los ascensores, vieron un corrillo de médicos. Del corrillo sobresalía, por su elevada estatura, el doctor Iturmendi. Vidal se dirigió a él.

—Tonchi —le dijo.

—¡Vidal! —exclamó el otro, que, tras llevar hacia atrás su cabeza como para escrutarle en la lontananza, añadió—: No me digas más. Tú has atropellado al muchacho.

Vidal empalideció.

—Tranquilo —le dijo Iturmendi, levantando la mano—: el muchacho está perfectamente. ¿Quieres verlo?

Y casi sin esperar respuesta se fueron, Macario también, pasillo adelante hasta la habitación donde estaba el muchacho.

—Ya hemos avisado a su casa —dijo el doctor—. ¿Verdad que sí Julito, que ya has hablado con mamá?

El niño con la sábana hasta el cuello y la mirada alerta asintió con la cabeza. Porque le habían lavado la cara tenía el flequillo mojado, pero ninguna huella sospechosa le quedaba en la frente.

—¿Te acuerdas de lo que te pasó, Julito? —preguntó el doctor.

El niño cogía el embozo de la sábana con sus manecitas y miraba a Vidal. Asintió con la cabeza.

—¿Que te pasó? —volvió a preguntar el doctor. ¿Nos lo quieres decir?

El niño volvió a asentir con la cabeza.

—¿Qué fue? Anda, dínoslo.

El niño habló con voz débil pero clara, pronunciaba las sílabas como en una lectura escolar.

—Ya se lo he dicho: que me pilló un coche.

Vidal le pasó una mano por la frente. El niño le miró hacer sin parpadear. Todo le extrañaba.

—Fue una motocicleta la que te golpeó —le dijo.

El niño hizo un gesto de incredulidad.

—¿Cuántos años tienes?

—Nueve.

—¿Conoces a este señor? —le preguntó el médico.

El niño negó con la cabeza.

Salieron al pasillo y el doctor le dijo.

—Hemos avisado a la familia y estarán al llegar. Convendría que no te vieran de primeras, porque nunca se sabe... Tú espérame abajo y yo te avisaré.

—Oye, te juro que ha sido una moto que se dio a la fuga quien lo atropelló. Yo lo recogí del suelo y lo traje aquí...

Vidal casi lloraba. Aún sentía en sus brazos la liviandad inerte del cuerpo del muchacho.

—¿Dónde están los testigos?

Vidal rememoró con tanto dolor como ternura la diminuta zapatilla blanca del niño que todavía debía de estar en el asiento delantero de su coche.

—Si no fuera por la experiencia yo no te hablaría así... ¿Ibas tú sólo en el coche? Alguien habrá visto el accidente. Hoy sin testigos pudiera pasar cualquier cosa...

—¡Yo no lo atropellé...! —dijo Vidal, que añadió—: había dos señoras mayores, creo que salían de San

Juan... —y recordó de repente—: ¡Una de ellas me dio la zapatilla del niño!

—¿Cómo se llama esa señora?

—¡No lo sé! ¡No hablé con ella! ¡Sólo me preocupé de atender al niño!

Vidal y Macario tomaron el ascensor y volvieron a la entrada. El Riberano había vuelto a su banco. Vidal se sentó a su lado. El Riberano, que dormitaba, se despertó. Llevó la mano al bolsillo y sacó un cigarrillo.

—El último. ¿Quieres la mitad?

—No, gracias —volvió a decir Vidal.

—¡Tú! —gritó el celador—: ¡El parte médico!

El Riberano apenas se inmutó, ni siquiera miró al celador, y negó con la cabeza, incrédulo y resignado: sólo el brillo acuoso de sus ojos había aumentado.

—Sin parte médico cómo te voy a ingresar —dijo el celador que acto seguido se dirigió a otro de la misma manera: ¡Tú, el parte médico!

Esta vez el Riberano sí que escupió, lo hizo como el caballero que lanza un guante retador, un salivazo que describió un arco sobre la entrada de admisión para caer en el centro de una escupidera.

La noche crecía y su hinchazón desarrollaba una luz purulenta entre aquellas cuatro paredes, una pobre y triste luz que, sin embargo, atraía al enfermo con fuerza, como la antorcha de la estatua de la libertad iluminaba la terca esperanza de los barcos emigrantes.

—A mí no se me hacía el venir —dijo el Riberano— y se lo dije al médico del Val. Yo no necesito de hospitales para que me desguacen. Yo sé cómo debe morir un hombre. Vine una vez y me quitaron un brazo. Y me engañaron, porque ahora me duele mucho más, me duele la parte que tengo y la que no tengo y también me duele el otro brazo. Lo que no me quitaron en la pelea contra los facciosos me lo van a quitar en la paz de la democracia, como le dije yo al médico del Val. Y le dije también: Esto me tenía que pasar a mí que a mala hostia no me han arrancado ni un pelo..., y ahora con estos reclamos... Es como si todos los bombazos que esquivé en el frente de Oviedo no hubieran llegado todavía a ningún suelo y me estuvieran acertando ahora.

—Conozco aquí a alguien que puede ayudarle —dijo Vidal.

El celador llamaba ahora a una señora.

El Riberano gruñó. Vidal no supo si sonreía o se quejaba.

—Tú no me entiendes: yo sé cómo debe morir un hombre. Estuve en muchos campos de concentración... y este gilipollas —y señaló al celador— no es peor que ninguno de aquellos señoritines...

Un hombre mayor, un labriego grande y fornido comenzó a quejarse.

—¡Ay, ay! —decía.

El Riberano le dijo a Vidal:

—Tiene a la mujer en coma, falograma plano, nada que hacer. Y ahí está como un borrego días y días...

—¿Falograma plano?

—Síí, bueno, como se diga eso —dijo el Riberano llevando su única mano a la sien.

Cerró los ojos Vidal con regocijada amargura y cuando los abrió el doctor Iturmendi estaba ante él, sin bata, vestido de calle, listo para dejar el hospital.

—Todo arreglado. Ha venido la mamá, es un monumento. Mejor que no te vea. No se le entiende bien... el padre no está, es camionero y está en Bélgica. Yo, por si acaso, le he dicho que te mereces un regalo potente. ¿Dónde tienes el coche? Me he pasado un mes en Donosti y allí se me ha quedado la mujer. Estamos probando la separación. Se ha quedado con el coche, se ha quedado con los hijos, se ha quedado hasta con el recetario de cocina. ¡Te invito a cenar! ¿Hace?

—¿Me puedo ir?

—¡Claro! ¿Hace la invitación?

—Verás...

—¡Venga!

—Verás...

—¡Vámonos ya!

Vidal dijo adiós al Riberano que alejado unos pasos mantenía medio cigarrillo apagado en el hueco de su única mano. El Riberano le dirigió una mirada neutra, no de persona sino de cosa, pero de cosa muy grande, de una gran masa cuyo significado y razón estuvieran sólo en la inmensidad de su volumen. El Riberano tenía una mirada de laguna muerta.

IV. El alcalde Polvorinos

—Habrá que enumerar primero a cada uno de los viajeros que componíamos el grupo, ¿no es así?: el alcalde y señora, el concejal de cultura y señora, el concejal de policía y bomberos y señora, la concejala de abastecimientos y transportes y su marido, la concejala de sanidad y dos hijos, el secretario particular del alcalde y señora, el poeta Zarandona y señora, el señor Vélez de Aldebarán S.A. y señora, el fotógrafo Linaza que iba solo, el corresponsal de «La Mañana» Olimpiades Tascón y señora... Éstos hacen... vamos a ver: dos y dos cuatro y dos seis y...

El alcalde Polvorinos se interrumpió.

Una mosca había volado en círculo sobre su cabeza y había estado a punto de chocar contra su boca. La mosca era grande y brillaba. Su coriáceo esternón presentaba una verdosa y oscura iridiscencia, un reflejo instantáneo que duraba lo que su paso por la zona soleada de la habitación.

El alcalde Polvorinos sintió asco. El concejal de

59

Hacienda, Fermín Baños Bermejo, se incorporó y escudriñó en torno suyo. Se acercó a la mesa baja frente al sofá de cuero y revolvió entre un montón de periódicos. El alcalde Polvorinos le seguía con la vista.

—¿Puedo? —preguntó el concejal de Hacienda, tenía en la mano un periódico enrollado a modo de maza— Es de anteayer.

El alcalde Polvorinos asintió en silencio y llevó su vista, cautelosa y dura, por los más recónditos rincones de su despacho. La mosca hozaba sobre la pica dorada que servía de mástil a la bandera.

—Allí —dijo.

El concejal de Hacienda avanzó unos pasos muy despacio, casi de puntillas, llegó al sofá, se descalzó, se subió a él, alzó la mano que empuñaba el periódico y descargó el golpe. Pero falló. La mosca garabateó en el aire, hizo un primer círculo apresurado, descendió luego y desapareció. La bandera, sin embargo, que sólo estaba apoyada en la pared, se inclinó hacia un lado y cayó sobre uno de los veladores de madera.

Desde el despacho del secretario particular, contiguo al del alcalde, vino una voz de hombre.

—¿Pasa algo, Pepe? —y en seguida apareció Gilberto en la puerta.

—Una mosca —explicó el concejal de Hacienda que seguía de pie sobre el sofá con el periódico en la mano.

—Un tábano —corrigió el alcalde Polvorinos.

Gilberto hizo el ademán de lo obvio. Los brazos doblados en ángulo recto, los antebrazos adelantados, las manos abiertas, la cabeza levemente inclinada, los ojos semicerrados. Dijo recriminador:

—Que lo haga Mari Coro, por Dios.

—¿Tú crees? —preguntó el alcalde Polvorinos, pero ya había pulsado el botón del interfono para llamar a su secretaria.

Mari Coro se hizo cargo de la situación en seguida. Tomó el periódico de manos del concejal de Hacienda y miró a un lado y a otro. Mari Coro era esbelta y delgada y se recogía el pelo muy negro en una cola de caballo baja, tenía los pómulos marcados, los ojos oscuros y muy grandes. De andares y movimientos rapidísimos, llevaba las mejillas enrojecidas, tanto por efecto del colorete como por su mucha actividad.

—Está por abajo— indicó el concejal de Hacienda con ademán impreciso.

Mari Coro se agachó. Vestía una blusa blanca con pechera y gran lazo al cuello y una falda estrecha de paño gris. Dobló la cintura y también las rodillas, una más que la otra hasta posarla en el suelo, de modo que una parte de su muslo derecho quedó al descubierto, la parte interna, la más íntima y más blanca, la que vivía eternamente enfrentada al otro muslo.

El concejal de Hacienda buscaba la mosca, pero el alcalde Polvorinos, sentado a la mesa de su despacho, y su secretario particular, que se había acercado hasta ellos, además del poeta Zarandona que acababa de entrar, miraban sin pestañear en la misma dirección: el muslo de Mari Coro.

El alcalde Polvorinos sintió vergüenza. Aquel instante que extraía de lo efímero una prolongadísima vivencia encerraba un componente de injusticia, una injusticia semejante a la que emana del cuadro en el que una gacela que bebe en el arroyo es acechada por tres leones hambrientos. El tábano vino a liberarle de su escrúpulo. Volvió a dejarse oír por las alturas.

—¡Ah! —dijo el alcalde Polvorinos, recuperando el buen humor—: Parece la avioneta de De Jonghe...

—¿Qué pasa? —preguntó el poeta Zarandona.

—Un tábano —contestó el secretario particular del alcalde.

—Escucha, escucha que así sonaba la avioneta de De Jonghe y volaba mucho peor.

Con las cabezas levantadas y los ojos muy abiertos giraban todos en círculo al acecho del insecto. Su zumbido se interrumpió de repente. Y el insecto desapareció.

—¡Ahí está! —gritó el secretario particular del alcalde señalando los soleados cristales del ventanal que daba a la plaza de Las Palomas. El concejal de Hacienda apartó un visillo y Mari Coro enarboló el periódico enrollado. Había dos moscones, uno encima del otro, subiendo y bajando por el cristal. La voz del concejal de Hacienda pareció la de un niño o la de un viejo, artificialmente adelgazada como para hacer una confidencia en la que expresara el colmo del regocijo:

—Están jodiendo —dijo.

Y los cuatro hombres miraron a Mari Coro, su rostro juvenil eternamente ruborizado por una agitación de colorete, sus hombros suavemente redondeados, el brazo atrás sosteniendo el periódico como una majestuosa Diana cazadora, las líneas del sujetador tensas sobre el rosicler de la carne que transparentaba la blusa.

Uno de los moscones cayó al suelo como consecuencia del golpe, el otro desapareció.

—¡Ya está! —exclamó Mari Coro, satisfecha por el

deber cumplido, y de nuevo, radiante y nerviosa, tan activa como siempre, escondió su timidez en sus rápidos movimientos, en su talante de eficacia.

—Ahora la bandera —dijo.

Hincó sus rodillas en el sofá, hundió su cabeza entre el espaldar y la pared y estiró el brazo. Los cuatro hombres la miraron extasiados: sus nalgas formaban una esfera tornasolada en la tela gris de la falda, dominada por un vértice único, una clave de perfecta redondez, en la que se concentraban todas las miradas y de la que partían haces apenas perceptibles, nervaturas como dovelas, ingenios de entibo entreverados con la jugosa gracia de las frutas.

—Vamos a seguir —dijo el alcalde Polvorinos, otra vez insatisfecho—: venga Gaspar, que te necesitamos ahora.

El poeta Zarandona pareció no enterarse del requerimiento. Mari Coro se estiraba sobre el sofá y hacía prodigiosos esfuerzos de manipulación con su mano izquierda hasta que logró levantar la pica del suelo.

—¿Y a mí? ¿Me necesitas a mí? —preguntó el secretario particular.

Mari Coro mientras tanto colocaba la pica en su sitio, contra la pared, a un lado de la vitrina que guardaba la espada del Rey Bueno y sonreía. Y rápida, muy rápida, con esa velocidad que sólo ella era capaz de alcanzar en tan escuetos espacios, salió del despacho. Sonreía todavía. Dijo:

—¡Qué hombres!

—A todos. Ahora os necesito a todos —dijo el alcalde—: tenemos que sacar adelante esta moción.

Se sentaron los cuatro hombres repartidos por el despacho. El concejal de Hacienda y el secretario particular al otro lado de la mesa del alcalde. El poeta Zarandona, más alejado, en el sofá de cuero bajo la vitrina en la que se guardaba la espada del Rey Bueno.

—Estábamos con el informe sobre el dichoso viaje a la Patagonia y la moción de censura.

El alcalde Polvorinos cuando hablaba buscaba los ojos del poeta Zarandona.

—Cuenta el viaje —dijo Zarandona.

—Eso quiero, Gaspar. Y en eso estamos. Pero hay cosas que hay que saber decir...

—Empecemos, pues —dijo Zarandona poniendo un pie sobre la mesa y llevando el cuerpo hacia atrás.

—¿Hablamos ahora de los gastos también? —preguntó el concejal de Hacienda.

—¡Claro! —dijo el secretario particular—: Si la moción de censura va por ahí.

—Un momento —matizó el alcalde—: Va por ahí y no va por ahí. Porque ¿qué censuran? ¿El número excesivo de personas que formaron el grupo? No pueden hacerlo. No sería democrático. Todos lo aprobaron. Y a cada uno de ellos se le invitó a venir. ¿Los veintisiete días de duración del viaje? Tampoco. No vamos a ir a América, a la Argentina y nada menos que a la Tierra del Fuego, diecinueve personas y estarnos veinticuatro horas. ¿Qué censuran pues? ¿El dinero? ¿Los cuarenta y cinco millones de pesetas que ha costado el viaje? Eso es el chocolate del loro. ¡No! Censuran, lo que nos censuramos todos, lo que no nos perdonaremos jamás: no haberle podido entregar la medalla de hijo predilecto de la ciudad a Chacho. Eso es lo que nos censuran y eso es lo que nos reprochamos nosotros también. En ese sentido yo mismo apruebo la moción de censura. ¿Estamos?

—Básicamente estoy de acuerdo contigo, alcalde —dijo el secretario particular.

—Y yo. Yo también.

Zarandona se había recostado de tal modo en el sofá que parecía la maja vestida. Antes de hablar inclinaba la cabeza como para buscar las palabras en una zona muy profunda de sí mismo; entonces el rostro se le dividía en multitud de pliegues. Exhaló aire por la nariz. Era una objeción y también señal inequívoca de que iba a hablar. Habló:

—Estaría eso muy bien, sí, si la misión hubiera fracasado, pero la misión no ha fracasado todavía. Porque si no ¿qué hace allí el concejal de Cultura?, ¿por qué se ha quedado en la Patagonia? Quién sabe si ya ahora mismo le han entregado la medalla.

—¿Tú crees? Es importante que regrese a tiempo. Necesitamos su voto —dijo el alcalde.

—¿Por qué no? O dicho de otro modo: ¿por qué se ha quedado si no?

—¡Eso mismo quisiera saber yo! —Exclamó el alcalde. Luego, mirando a su secretario y al concejal de Hacienda, preguntó—: ¿Qué creéis vosotros? ¿Qué crees tú Fermín?

Vacilaron los dos hombres. El alcalde no esperó respuesta:

—Yo no creo en Chacho. Yo creo que Chacho es una quimera...

El concejal de Hacienda y el secretario particular asintieron.

—Si nosotros no lo conseguimos...

—Yo creo que Chacho es una quimera —continuó el alcalde— y es justamente eso lo que me gustaría llevar al discurso. Una quimera que ilumina la vida de esta ciudad. O mejor todavía: una utopía. Y para mí, una metáfora. La búsqueda de Chacho es, para mí, una metáfora —y permitidme que lo diga personalizando, ya que a mí se debió la iniciativa de la expedición— la metáfora de mi vida: la búsqueda continuada de la justicia. Por eso os lo digo a vosotros, aquí y ahora, que sois mis amigos, pero también quisiera decírselo a la oposición, a esos que se han atrevido a pedir contra mí una moción de censura. ¿Por qué? ¿Qué se me puede censurar? He buscado a Chacho, como he buscado durante toda mi vida la realización de la justicia en este mundo. Si no lo he conseguido más se debe a lo ambicioso de la meta que a mi empeño... ¿es que pone alguien en duda el coraje, el esfuerzo, el tesón de aquellos conquistadores del siglo dieciséis porque fracasaran en su empeño de encontrar El Dorado? ¿No era acaso El Dorado una quimera, una utopía? Pues bien, hoy como ayer soy de la opinión de que todos los logros del hombre nacen de su empeño por acercarse a la utopía en este mundo. Y no es mío esto.

—Has dicho cosas muy interesantes, Pepe —comentó el poeza Zarandona que se había incorporado para tomar alguna nota—. Metáfora, quimera, utopía, todo eso me parece genial. La vida, alcalde, es toda ella una larga metáfora. Por eso relacionar a Chacho con los buscadores de El Dorado, relacionar nuestro viaje con sus expediciones, es muy afortunado. De todo eso hay mucho además en la propia vida de Chacho. Su figura de mito popular durante la República, su carácter de futbolista ilustrado, su ejemplar comportamiento en la guerra... ¿Metáfora, quimera, utopía...? Me gusta, me gusta.

—¿Te gusta? —preguntó Polvorinos entusiasmado y sin esperar respuesta añadió con la pasión de quien ha encontrado la felicidad—: ¡Si esta expedición es la metáfora de mi vida! —Y abriendo un cajón de la mesa de su despacho, añadió—: Mira aquí en este cajón tengo treinta y tres folios con mis ideas, será mi testamento político si tengo que dejarlo... Aquí está la verdad de nuestro viaje, mi vuelo con De Jonghe...

—De ese vuelo tienes que hablar en el discurso, que no sé cuantos de esos se hubieran atrevido a hacerlo —dijo el secretario particular.

—Yo no, desde luego —declaró el poeta Zarandona.

Polvorinos les miraba encantado.

—¿Qué es ese vuelo? —preguntó el concejal de Hacienda.

—¿No sabes? —preguntó el secretario particular y luego, el alcalde— ¿No le has contado tu vuelo con De Jonghe?

El alcalde cerró el cajón donde guardaba su testamento político y se encogió de hombros.

—Hagamos primero el discurso.

En ese momento se abrió la puerta que daba al antedespacho y asomó Mari Coro. Avanzó hacia la mesa del alcalde, rápida y diligente:

—¿No me oyen llamar? —tomó el teléfono interior y se lo llevó al oído tecleando con los dedos—: No le funciona el aparato.

—¿No le funciona el aparato, Mari Coro? —preguntó socarrón el poeta Zarandona.

—No. Mírelo usted mismo. No suena de ningún modo. —Dijo esto y su cara cambió, distendió la frente y parpadeó y, ya sonriendo, añadió—: Bueno, ustedes me entienden. —Luego con el tono profesional de siempre le dijo al alcalde—: Que han vuelto a llamar los de Siracusa Films, los tengo al teléfono, quieren hablar con usted.

—¿Qué quieren, Mari Coro? ¿No sabe usted parármelos? Estoy con el discurso de la moción de censura.

—Sí, señor, sí que sé, pero es que quieren hablar con usted. Dicen que con el Cabildo no se entienden, que quieren que usted les ayude para obtener los permisos...

—Pero si ya llevan dos días rodando en la catedral. ¡Día y noche!

—Bueno... ¿qué quiere? Parece que no consiguen el permiso para abrir la tumba del Rey Bueno...

El alcalde Polvorinos cerró los ojos. Meditaba. Mari Coro esperaba de pie, frente a él. El poeta Zarandona la veía de espaldas, el secretario particular el perfil del seno derecho, el concejal de Hacienda, el del izquierdo... Ahora sí que su agitación, mortificado su dinamismo con la espera, ponía verdadero rubor en sus mejillas. Doblaba un brazo sobre el pecho y extendía el otro a lo largo del cuerpo para tamborilear con los dedos sobre un muslo.

—Dígales que hablaré con el obispo.

—¿Nada más?

—Ya está bien. No voy a hablar con el Papa.

Mari Coro estiró su cuerpo.

—Quiero decir: ¿usted no se va a poner?

—No, no Mari Coro, dígaselo usted.

Mari Coro giró sobre sí misma para salir del despacho. Y lo hizo no de derecha a izquierda sino de izquierda a derecha, de modo que enfrentó su rostro a los tres hombres que la miraban, los miró a los tres, uno a uno, la misma intencionada aunque efímera mirada, como si su vista fuera un pájaro veloz que al aproximarse volara súbitamente hacia lo alto para esquivar el choque.

Otra vez, los hombres solos, el poeta Zarandona preguntó:

—Si se lo dices a don Enrique, él te lo consigue. Al obispo lo tiene en el bote. Pero ¿por qué quieren abrir la tumba del Rey Bueno?

—Yo que sé.

—Es por lo que cuentan, leyenda o lo que sea, de cuando la francesada, que se profanaron todas las tumbas y cuando abrieron ésta salió el Rey Bueno y mató de un espadazo a tres franceses —dijo el secretario particular—: después de haber visto a la Infanta Doña Urraca en San Juan, a la que se le ha podido hasta peinar, se tiene la sospecha de que el Rey Bueno se conserva incorrupto...

—Don Enrique consigue lo que quiere del obispo —insistió el poeta Zarandona.

—No es partidario —dijo el alcalde—: Ya he hablado con él. En realidad fue lo primero que hice. Pero ni le gusta que se filme en la catedral, ni, estoy empleando sus propias palabras, es partidario de importunar el eterno descanso de los muertos... Así que, como ya me anunció, más bien le habrá pedido al obispo que no les deje entrar en la catedral. Y yo no quiero gastar a don Enrique en eso. Tiene que hacer que su sobrino vuelva. Necesitamos su voto para pasar la moción de censura.

—A don Enrique hay que darle de comer aparte —dijo el poeta Zarandona.

—La búsqueda del Rey Bueno es otra metáfora —dijo el Secretario Particular, mirando al poeta Zarandona.

—¡Sí, sí, dos metáforas que se cruzan! La metáfora de Chacho y la metáfora del Rey Bueno. La búsqueda de la Justicia y la búsqueda de la Verdad. ¿Qué te parece, Gaspar? —preguntó el alcalde.

El poeta Zarandona torció la cabeza y crispó su rostro. Buscaba, buscaba, buscaba... Bufó por la nariz y habló:

—La del Rey Bueno es una fábula del medievo, dejémosla para los cultivadores del ciclo artúrico y demás seguidores del mago Merlín. La de Chacho es una fábula de nuestro tiempo.

—Sí, en efecto —señaló el alcalde Polvorinos—, y sobre nosotros pesa una moción de censura.

Callaron todos. El poeta Zarandona respiraba, según era norma en él, fuerte, pero no soplaba por la nariz. Volvió a hablar el alcalde Polvorinos:

—Bien, hemos salido para la Argentina, estamos dos días en Río de Janeiro, cinco en Buenos Aires, tres en Neuquén y diecisiete en la Patagonia, de los cuales tres en Comodoro Rivadavia y catorce en Río Gallegos... nos gastamos cuarenta y cinco millones de pesetas y no encontramos a Chacho... Esa es la crónica resumida de nuestro viaje. Y, sin embargo, yo sostengo que nuestro viaje no ha sido inútil. Prescindo de las visitas a familiares que cada uno haya hecho, que no creo tenga nadie el cuajo de sacarlas a relucir, a Neuquén hubo que ir porque así se nos recomendó como centro de contratación aérea para todo el sur de la Argentina, hago caso omiso del primer fin de semana en Río de Janeiro, porque en algún sitio había que pasarlo, considero ineludibles los cinco días pasados en Buenos Aires, consumidos entre visitas a las autoridades y a nuestro embajador, los tres en Neuquén para la contratación del taxi aéreo que nospudiera llevar a todos a Tierra del Fuego y que finalmente sólo nos llevó a la mitad de nosotros para acabar dejándonos tirados en Río Gallegos sin que pudiéramos ir ni para un lado ni para otro. ¿Qué demostramos, sin embargo? Os parecerá cursi, pero yo lo voy a decir y quisiera decirlo en el discurso: la energía de esta joven democracia, la gran voluntad política de cuantos componíamos el grupo, había que hacer lo que había que hacer y se pusieron todos los medios para hacerlo...

—Sobre todo tú. Eso está claro. —Aseguró el poeta Zarandona.

—¡Todos! —afirmó el alcalde Polvorinos.

—Todos, sí —insistió el poeta Zarandona—. Pero sobre todo, tú. A mí tu vuelo con De Jonghe, ya te lo he dicho, me parece digno de Hernán Cortés, Núñez de Balboa, Diego de Ordás y toda aquella gente.

—¿Cómo fue ese vuelo? —preguntó el concejal de Hacienda repasando entre sus papeles—: Yo lo tengo contabilizado como el más barato de todos: trescientas mil pesetas. Sí, aquí está. Compañía de Transportes Aeronáuticos De Jonghe, factura número 1.006, transporte de una persona de Río Gallegos a Río Grande, dos mil dólares... Sólo una persona es caro... ¿Es tu famoso viaje, verdad?

—Fermín tú no sabes lo que era aquello.

—No me lo contáis.

—Escucha —dijo el poeta Zarandona—: llegar allí ya fue dificultoso. En Neuquén, en contra de lo que se nos había dicho, no había comunicaciones directas con Tierra del Fuego, no, al menos, como las queríamos nosotros. Hubo que volar a Comodoro Rivadavia. Menudo vuelo. El día más lluvioso del siglo. Caían rayos y truenos. ¿Sabes cómo suena un rayo contra el avión? Díselo tú, Gilberto...

Gilberto sonrió. Agitó la mano en el aire.

—Toma ese tomo —dijo Zarandona, que como un convaleciente señalaba con su mano hacia la estantería donde estaba el diccionario de la Real Academia Española de la Lengua.

Gilberto se levantó y lo tomó.

—Tíralo al suelo. Tíralo. De plano.

Gilberto lo dejó caer a plomo sobre el suelo. Plaf, se oyó. Un sonido restallante y sordo.

—¿Os acordáis? —preguntó con una luz de satisfacción en sus ojos el poeta Zarandona.

El alcalde Polvorinos y su secretario particular hicieron un gesto de feliz asentimiento.

—¿A que era ese sonido? —insistió el poeta Zarandona, que añadió dirigiéndose otra vez al concejal de Hacienda—: Pues así fue el viaje de Neuquén a Comodoro Rivadavia. ¿Quién se puede extrañar de que las mujeres no quisieran seguir? ¿Qué íbamos a hacer? ¿Obligarlas a venir? Que nos diga la oposición lo que hubieran hecho ellos. Nosotros seguimos viaje, los hombres solos, todos los hombres menos Vélez, de Aldebarán S.A., que se quedó a cargo de las señoras en Comodoro Rivadavia. Y nuestro vuelo a Río Gallegos no fue mejor. Ya no hubo tormenta, no al menos eléctrica, pero viento... Madre mía. Ni siquiera podíamos aterrizar porque el viento no dejaba que el avión posara, tanta era su fuerza... Creo que estas canas me han salido en ese viaje... Y eso que yo no intenté el vuelo a Río Grande. Eso fue cosa del alcalde. Cuéntalo tú, alcalde.

El alcalde Polvorinos sonrió con resignación.

—Ya en Río Gallegos, nada más bajar del avión,

teníamos la sensación de estar en el fin del mundo. No sé, hasta el aire era diferente, como si hubiera menos espacio entre el cielo y la tierra, una tierra de sombras largas, abrupta, erosionada, pobre... Que allí nos dijera el enlace de la agencia que Chacho vivía más abajo, en Tierra del Fuego, al sur de Río Grande, nos pareció una burla... y por primera vez pensamos que nos habían tomado el pelo... ¿Pero cómo abandonar a esas alturas? Había que seguir. Rompimos con la agencia y ya por nuestra cuenta encontramos la Compañía de Transportes Aeronáuticos De Jonghe...

El poeta Zarandona y el secretario particular del alcalde movieron la cabeza afirmativamente.

—Había que echarle huevos como hiciste tú —dijo éste.

—Había que ir a Río Grande y había que entregarle a Chacho la medalla de hijo predilecto de la ciudad. Había que hacerlo. La ciudadanía nos lo había encomendado y había que hacerlo. Y yo tenía la voluntad política de hacerlo.

—Yo no me hubiera subido a esa avioneta, alcalde —dijo el secretario particular.

—Yo no hubiera subido con ese piloto —dijo el poeta Zarandona—. Pesaba doscientos kilos, tenía un ojo de cristal y estaba siempre borracho. Voluntad política, sí. Pero huevos, también.

El alcalde Polvorinos se encogió de hombros:

—Y qué íbamos a hacer si el taxi aéreo que traíamos de Neuquén se negó a seguir y en todo Comodoro Rivadavia no encontramos más piloto que este holandés loco, ni más avioneta que la suya.

—Un piloto tronado y una avioneta tronada...

—¿Quieres que te diga lo que me recordaba a mí

la avioneta? —preguntó el poeta Zarandona, que no esperó respuesta—: Me recordó a estas desvencijadas locomotoras de nuestras castañeras, no sé por qué... Yo pensé que, bajo la carlinga, De Jonghe abriría un cajón y nos vendería castañas. Había pertenecido a un club aéreo que montaron los americanos, los primeros que explotaron yacimientos de petróleo en la zona. Cuando los americanos se fueron De Jonghe se quedó con todo: el bar, que mantenía abierto y del que era su servidor y su mejor, y las más de las veces, único cliente, las pistas y aquel único aeroplano, un biplano de antes de la guerra... Todavía me admiro, nos admiramos todos, de los huevos que tuviste.

—No me hagáis presumir de valiente —dijo el alcalde—: todos hubierais hecho lo mismo que yo en mi puesto. Es el puesto lo que obliga: uno sólo pone la voluntad política.

—...Y huevos —dijo el poeta Zarandona.

—Es el puesto lo que obliga. No lo olvidéis, que eso también quiero que lo llevemos al discurso. Y sin exagerar ¿eh?, porque ¿qué alternativa había? De Jonghe borracho, gordo, tuerto, lo que queráis, pero era la única persona en todo Río Gallegos que se mostraba dispuesta a llevarnos con aquel tiempo.

—...huevos, huevos —repitió el poeta Zarandona.

—Al avión, os lo aseguro —dijo con cierta solemnidad el alcalde—, no subió José Luis Polvorinos, subió el alcalde de esta ciudad. ¿Por qué? Ya os lo he dicho. Había que entregar la medalla a Chacho y punto.

—¿Y qué pasó? —preguntó el concejal de Hacienda.

—Anda, cuéntalo —dijo el poeta Zarandona.

—Sí, cuéntalo, alcalde —animó también el secretario particular.

—Bueno, ya sabéis cómo estaba De Jonghe ¿no? No era todavía mediodía y ya olía a ginebra que tiraba para atrás.

—¡Todo era poco para aguantar aquel frío!

—Habíamos decidido que sería yo, o sea, el alcalde, el que ocupara la única plaza de pasajero disponible. Todos los días llegábamos al club y todos los días nos esperaba De Jonghe tras la barra del bar. Tomábamos un gin tonic, dos, tres, cuatro... No había nadie allí. El club, por lo que nos dijeron, tenía alguna vida en verano con las gentes de Comodoro Rivadavia... Pero en invierno, o en primavera como estábamos, vosotros lo visteis, ni un alma se acercaba por allí. Y menos, aviones. Nuestra moral, claro, no era buena: aislados de nuestras mujeres, sin saber dónde estaban ni qué hacían, llevábamos doce días, uno tras otro, yendo al aeropuerto sin que pudiéramos volar.

—¡Qué curioso! —comentó el poeta Zarandona—, nunca bebimos otra cosa que gin tonic, era como la bebida obligada del lugar... Yo nunca había bebido tanto gin tonic en mi vida.

—...el tiempo —prosiguió el alcalde Polvorinos— no aclaraba (las nubes bajísimas no nos hubieran permitido ni remontar la más pequeña montaña) y todos los días regresábamos a Río Gallegos a seguir con el gin tonic...

—... y con el mus...

—... y con el póker...

—Sí, en mi vida he jugado tanto a las cartas. Bien —prosiguió el alcalde Polvorinos—, no podíamos esperar de modo indefinido. Así que decidimos por unanimidad que si transcurridos dos días más no habíamos logrado volar regresaríamos a por nuestras mujeres y volveríamos a España. Todos menos Jaime Gutiérrez, el concejal de Cultura, que se ofreció voluntario para quedarse y seguir intentándolo...

—No. Eso fue luego, después de que tú volaras —dijo el secretario particular del alcalde.

—Es igual, Gilberto. Lo cierto y verdad es que ese día, el decimotercero creo que era, pudimos salir por fin. ¿No recordáis? Un indio dormía, tirado en un rincón del bar, al lado de dos perros negros que le lamían las pieles de guanaco con que envolvía sus pies enormes. Estábamos casi en tinieblas cuando de repente ¿recordáis esa extraña luz, vibrante y amarilla, esa luz última del espectro, esa luz que sólo existe allí?, todo se iluminó. «¡Sol, sol, sol!», gritó De Jonghe, bebió un sorbito de su tercer gin tonic y me invitó a que le acompañara corriendo hasta el hangar. No me dio tiempo ni a sentir miedo. Yo todavía no me creía que fuéramos a volar. En el hangar me ayudó a ponerme un paracaídas, le pregunté, ¿y tú?, y me contestó: «Uno solo. Yo mucho gordo». Al punto no le entendí. Creí que pretendía que pilotase yo el avión, como si se lo hubiéramos alquilado sin piloto. Pero salí de dudas en seguida. Él lo pilotaría, pero sin paracaídas. Subimos al avión, primero yo, porque él se demoró impulsando la hélice, y antes de que me diera tiempo a abrocharme el cinturón, oí cómo el motor arrancaba... entonces sí, entonces empecé a sudar, así, por las manos y la frente...

—Sí. Lo mismo que yo de Neuquén a Comodoro Ridavadia... —comentó el poeta Zarandona.

—Bueno, ya lo visteis vosotros mejor que yo. Del hangar pasamos a la pista y empezamos a ganar velocidad... aquello saltaba más que un caballo, más que un burro, un trote terrible, de rodeo, yo no oía ni el ruido del motor, sólo golpes de cacharrazos, de hierros y hojalatas que chocaban unas contra otras y a De Jonghe que gritaba: Sol, sool, sool, sooool... ¿Sabéis lo que creí entonces? Os vais a reír. Creí que decía: ¡gol, gol, goool...!

El poeta Zarandona reía muy relajado:

—Es lo más apropiado... ¿No sería gol, otro gol de Chacho, lo que en realidad decía?

—No, él no sabía ni quién era Chacho y además... verás... Fijaros, os hablo de ello y todavía se me ponen los pelos de punta. Tomamos altura en un santiamén, porque había sol, sí, pero también viento, un viento helado del sur que nos elevó como sobre una ola gigantesca, tal y como si fuéramos una pluma... No sé el tiempo que estuvimos volando, dos horas, tres horas, cuatro, todo el tiempo del mundo. No vi nada, no se veía nada, sólo al principio me pareció ver un iceberg, pero no sobre el mar, sino sobre la tierra, aquella tierra marrón y desapacible... era como una inmensa masa de cristalitos, algo deslumbrante, cegador al reflejar en multitud de añicos la luz del sol... pero sólo vi eso, luego nada, nubes, nubes, nubes, o mejor una sola nube sin final, grisácea como la nieve sucia, aterradora... ya oía el motor entonces y tenía frío y no veía nada... y para colmo caí en la cuenta de que me había dejado en tierra la medalla que tenía que entregar a Chacho, la llevaba Jaime en su portafolio y con la precipitación ambos nos habíamos olvidado de ella. Os juro que se me quitó el miedo. Era tanta mi amargura, me dominaban tan negros pensamientos, que me consideré el peor alcalde del mundo, el más indigno, os lo juro...

El poeta Zarandona, el concejal de Hacienda y el secretario particular le miraban con respeto.

—Nunca me hubiera perdonado haber aterrizado en Río Grande sin la medalla.

—Pero en la factura figura un vuelo de Río Gallegos a Río Grande... —objetó el concejal de Hacienda.

—Fue mucho más que eso nuestro vuelo. ¿Cuántas horas se emplean en ese trayecto? ¿Una hora y media? ¿Dos? ¡Pues nosotros hicimos más de cuatro!

—¿Os pasasteis? —preguntó el concejal de Hacienda.

El alcalde Polvorinos negó con la cabeza.

—Cuatro horas entre nieblas, sobre nubes, o mejor en el vientre de una sola nube sin principio ni final, sabiendo que las montañas acechaban por doquier, y De Jonghe meneando la cabeza negativamente y gritando: ¡no gasolina y no sol, no gasolina y no sol...! Estaba seguro de que nos íbamos a matar. Pensé en mis padres, en mi mujer y en mis hijos. Y me despedí de ellos. Sólo me consolaba la idea de que al menos nadie sería capaz de reprocharme el olvido de la medalla. Os reiréis de mí, pero eso, en aquellos momentos, después de haber llegado tan lejos, después de haber esperado tanto, me suponía el único alivio. Y de repente, a nuestra derecha, vimos un claro, era como una corona de nubes blanquísimas, como el brocal de un pozo del que saliera el resplandor de la vida... Voy, voy, me gritó De Jonghe y se lanzó en picado en medio de las nubes. ¡No sabéis con qué alegría vi la tierra firme! Allí jus-

to, debajo de nosotros se extendía una pista de aterrizaje, vacía, libre de obstáculos, como si, por milagro, nos estuviera esperando. ¡Dios! ¿Qué puede uno
sentir en esos momentos? Yo lloraba, os lo confieso.
¡Cuatro horas de vuelo a ciegas, un único agujero en
la niebla y hallarnos sobre una pista de aterrizaje,
De Jonghe me parecía el mejor piloto del mundo!
Otra vez decía: sol, sol, soool... Cuando pusimos pie
en tierra la poca luz que quedaba terminó de evapo-
rarse. Me tiré de un salto y me alejé como si el avión
fuera a incendiarse detrás de mí. De Jonghe me alcanzó en seguida, tenía la cara roja y el ojo de cristal
lleno de lágrimas. Hacía un frío de mil demonios.
Me pasó la mano por el hombro y ¿sabéis lo que me
dijo?: ¿Gin tonic?, me preguntó, y tuve, entonces fue
cuando la tuve, la desagradable premonición de lo
que había pasado. No había tampoco nadie en aquel
aeropuerto que en principio me pareció más grande
que el que habíamos dejado atrás. Tenía un bar
también, abandonado, destartalado, igual que el de
Río Grande. Entramos en él. Caminamos por aquel
gran espacio vacío de mesas y de sillas hasta la barra. Dos perros negros lamían las pieles de guanaco
de un indio dormido. De Jonghe tomó el vaso que
había sobre el mostrador y se lo bebió de un trago.
Luego se limpió los labios con el dorso de la mano y
eructó. Se había bebido su propio vaso de gin tonic.
Seguíamos en Río Gallegos.
     El secretario particular y el concejal de Hacienda
callaban sin apenas parpadear. El poeta Zarandona
zureaba con la cabeza inclinada sobre el pecho. Iba
a hablar:
     —¡Dios, eso sí que es una metáfora, una metáfora
de la vida! Te lo he oído contar tres veces y siempre

me impresiona. ¿Cómo podemos llevar eso al discurso?

De lo más bajo de la habitación brotó otra vez el zumbido poderoso de un insecto y los cuatro hombres lo vieron elevarse delante de sus ojos, le siguieron con la vista y le vieron cruzar la habitación, hacer un quiebro repentino al aproximarse a la pared, cambiar de dirección y volar y volar en círculo por entre ellos, sobre sus caras y sus cabezas.

V. El doctor Iturmendi

La Charca: Comidas y bebidas.

La Charca: el corazón más húmedo de un húmedo corazón.

La Charca: la patria de la víscera, cocina popular.

También Blanca se había sentado en aquellos bancos aunque no figurara en ninguno de los dibujos que, prendidos de las altísimas paredes, las cubrían palmo a palmo, transformando el bar, restaurante, taberna o salón de café, que todo podía ser La Charca, en una especie de rebotica gigantesca, en desmañado y heterodoxo taller de dibujo, grande como un almacén, con olor a vino y a café.

Vidal la pondría en el lugar preferente, no sobre la pared a espaldas de la barra sino al fondo de la gran sala, en su centro más amplio, encima de los escaños de diputados y senadores; y la pondría como una *madonna*, siempre como una *madonna*, siempre viniendo en *el pelines* y mirándole, con una mirada turbadora de princesa dolorida de amores venideros, nostálgica de penas y alejamientos sólo adivinados; y el marco de la ventanilla del viejo *pelines* sería el marco de su retrato; sí, así sería, así la dibujaría él si supiera sacarla de sí mismo, si pudiera meter sus manos en lo hondo de su alma y arrancarse esos ojos verdes y aplacadores con la rabia y la ternura con que debe extraerse de las aguas de un pozo el cuerpo ahogado del ser querido.

—¿Has visto? Un bar como éste no existe en toda Euskadi..., dijo con cierto énfasis Iturmendi.

En el bar abarrotado, el humo y las voces, como incompletas sustancias que precisasen de su mutua asistencia para materializarse, mantenían una imposible pugna, un duelo de cuerpos confundidos, del que brotaban con sonoridad potente filamentosos y etéreos garabatos, que aspiraban a suspenderse del aire y constituirse en el único cielo de aquel olimpo, en cuyas paredes resplandecientes habitaban como hojas desplegadas de un sinfín de almanaques sus singulares moradores: los parroquianos de La Charca.

Iturmendi se entusiasmaba mientras se abría paso hacia el rincón del fondo, tenía los brazos doblados sobre el pecho y con las manos abiertas parecía acunar el aire.

—Aquí están todos, todos: esto es un tesoro mayor que la Biblioteca Nacional de Madrid.

Centenares quizá miles de rostros, a carbón y a plumilla, se asomaban a aquellas paredes formando ya parte de ellas, como las raíces de las hojas caídas de la palmera se hacen tronco a medida que el árbol crece. Más de cien artistas, más de quinientos, quizá todos los que algún día soñaron el triunfo en la ciudad, habían dejado allí el trazo más espontáneo de su arte.

—¡Y todo por un plato de mollejas!

Estaba don Orencio, el viejo Mosácula, y también, Ezequiel y Rufino y Agricio y Manasés, también Santos, Miró, Plácido y Dictino... estaban todos los Mosácula... menos ella.

Y es que sólo ahora, con la democracia, habían empezado a figurar las mujeres en aquellas paredes. Vanesa Marcenado, la joven y bella poetisa, de melena rubia que le cubría el pecho desnudo del que arrancaban los brazos para tocar la lira, doblada sobre su cola de pez como una jana, la jana de La Charca, la amparadora diosa de los concanos, aquel pueblo que se extinguió peleando contra Roma; un pueblo que, a tenor de la leyenda, guardaba el secreto de su fuerza extraordinaria en el nivel que presentaba la charca dorada en cuyas profundidades se juntaban, fuera de la vista de los hombres, las mejores aguas de sus montañas, aguas que se amarilleaban con los cabellos de su jana y que fulgían como el oro. Secreto vulnerable, pues, más que el de Sansón, puesto que la avaricia romana, aunque lo ignorase, lo perseguía sin sosiego buscando oro para las arcas del imperio. Y todos los días la jana, para eludir la codicia romana, se desprendía de sus cabellos y los enterraba en el fondo. Y todos los días le nacían otra vez, más esplendentes y largos todavía, más fulgurosos, de modo que hasta en la noche parecía que el sol ardía en aquellas profundidades. Trazaron los romanos un encañado sangrador que desplazaba las aguas, pasándolas por un completísimo sistema de mallas, hacia las tierras más bajas del llano; descendía el nivel de La Charca y descendía la resistencia de los concanos... pero, aun así, la lucha fue terrible: el agua se espesó con sangre concana y con sangre romana; a cientos cayeron los concanos, a miles los romanos; cieno, espuma y baba de las guerras, hierros y máquinas, tablones, cueros, armazones, arietes, catapultas, todo lo engulló la charca; el agua se hizo légamo y el légamo se desbordó; luego un monte surgió de su centro, una sola colina, una masa de légamo ocre desde la que se veía el contorno azul de la tierra; más tarde vinieron otros romanos, muchos más, y alzaron allí, sobre los barros de la muerte concana, una fortaleza: un monumento a la derrota.

Vanesa Marcenado había escrito sobre su retrato:

Charca y monte,
Monte de agua,
monte de sangre,
monte de légamo y olvido,
monte de vino.

Y también estaba la alcaldesa de Villablanes, la virgen roja de los mineros como la llamaban, tenía en la frente la lamparilla de las oscuridades, una luz que era como un halo de laica santidad, como el resplandor en la frente de un hada; y también estaba María Angustias Tapetado, la menuda y vivaracha presidenta de la Asociación de Mujeres Independientes Dama de Arintero, en cuyo dibujo había ella añadido una cuarteta de su puño y letra:

Ni en la patria del Dante,
ni en la de Petrarca,
en la del caballero andante,
está La Charca.

Pero no estaba Blanca Mosácula, la primera mujer que se había sentado de verdad en aquellos bancos, mucho antes incluso de que la gente joven hubiera descubierto la víscera secreta de la ciudad, su corazón húmedo, la fuente de su vida y de su muerte.

Tras las puertas correderas, de cristales esmerilados ocres y blancos, con la mayoría de las mesas vacías todavía, mesas y sillas robustas, de evocación medieval, la bullanga del bar se domesticaba y tranquilizaba, como el martilleo de un tren en los oídos del propio viajero, lo que resaltaba el carácter más íntimo del comedor. Todos los retratos que allí había se hallaban enmarcados. Eran el cuadro de honor de La Charca. Estaba, claro, el presidente de la Diputación, los tres presidentes que había habido desde la muerte de Franco: el abogado de apellido Prieto y estatura gigantesca, perfil de Mohamed Alí, carnoso, hinchado, voluminoso —así lo había dibujado el artista—, como aquellas huchas de negritos que se sacaban para las cuestaciones del DOMUND; y los dos socialistas, Basilio, el antiguo marista, y Barragán, el antiguo salesiano, a los que el artista había hermanado con idéntico perfil de escurrimiento: el uno de poco pelo y descolorido, de talante recogido y misterioso; el otro piloso y renegrido, ardidoso y esparabanero; untuosos ambos, mucho, tanto que el artista había usado de la maña de manchar con una sombra de aceite las cartulinas.

También estaba el alcalde Polvorinos: la cabeza alta y cara al sol, la frente despejada, la barba afilada y tiesa como una pica de Flandes, con un pelillo de paja, una rama dorada, colgando de la frente... de la que el artista hacía pender a la ciudad...

Y debajo mismo del alcalde, Gaspar Zarandona,

el poeta por antonomasia, que aparecía atrapado en su dibujo, incomodado y dolorido, como el preso en una jaula; Toulouse-Lautrec de la palabra, los labios carnosos y abombados, la piel del rostro repartida en gruesos pliegues; poeta de versos afilados como hierro, cuyo peso, en la visión del artista, incidía en la ciudad como las espuelas en los ijares de una mula.

> Entraña,
> Patria,
> Patraña.
> María al cielo sube y baja,
> Un hierro que se me clava.
> Clavijo,
> Santiago,
> Cierra España,
> Cerrado,
> Closed,
> Fermé.

—Los políticos nos van a asfixiar, Anselmo —dijo Iturmendi, cuando alcanzaron a sentarse y Anselmo se acercó a ellos con la libreta en la mano—. Aquí no hay hombres de ciencia como el amigo Vidal, no hay físicos, ni geógrafos, ni ingenieros, ni médicos, La Charca carece de músculo científico...

—¡Si, no vienen! —protestó Anselmo, mirando a Vidal directamente a los ojos—. Antes, y eso cuanto más lo pienso más me choca, nunca aparecían por aquí los políticos. Bueno, y qué ambiente teníamos entonces: desde don Enrique, el primer rector, luego después, de la Universidad, a don Pepín Lopera, que inventó un telar de esos de ajedrez para ordenadores que ha ganado a todos los ordenadores del mundo...

—Y luego, como un estrambote, entre lastimero y

jaquetón, añadió señalando a Vidal—: Y también venía aquí...

—¿Tiene retrato? —preguntó Iturmendi.

—Claro, pero ya está en el invernadero.

—¡Ah, bandido, en el invernadero! De eso tenemos tú y yo que hablar, que quiero yo que me enseñes lo que tú llamas el invernadero... Ya sabes que el retrato de Chacho me pertenece. ¡Tú pídeme por él!

—Chacho nunca jamás estuvo en el invernadero. Chacho estuvo, está y estará en el palomar.

—¡Concho! Hablas del palomar como si fuera la Real Academia.

Anselmo se encogió de hombros. Anselmo era alto y fuerte, de pectorales muy desarrollados y estómago adelantado; vestía pantalón y chaquetilla blancos de cocinero, arremangada ésta por encima de los codos; tenía la piel de la cara y la de los antebrazos tersa y asalmonada, una piel como de haber sido un niño robusto y comilón; hablaba despacio, con un poco de fatiga.

—Bueno, ¿qué os pongo?, ¿qué venís: a mayores o a menores?

Iturmendi soltó una carcajada y meneó la cabeza. Luego dijo con exagerado compadreo:

—De momento tres cervezas para mí y una para éste. ¡Eso ya! —y dio una palmada.

—¡Marchando cuatro cervezas, chico! —gritó Anselmo.

—Luego... ¿Quieres una receta de Apicio para abrir boca? —preguntó Iturmendi a Vidal que asintió sin mucho convencimiento—: Sí, ponnos dos de vulvas machorras, la mía con mucha pimienta, luego veremos qué tal vamos... Esto era una delicia de la antigua Roma.

Vino un chico con cuatro jarras de cerveza y Tonchi se bebió inmediatamente dos. Llamaron desde el bar y Anselmo procuró dar rápido remate al pedido.

—¿Vais a seguir con la cerveza o queréis vino también?

—¡Trae el mejor Pajares! —contestó Iturmendi como ofendido por la duda—. Anda y vuelve pronto que tenemos que hablar de Chacho. Te doy cincuenta mil pelas por su retrato. ¿Quieres que hable con tu padre?

Se fue Anselmo y Vidal preguntó:

—¿De qué Chacho hablas?

A Iturmendi se le escapó un eructo.

—¿De quién va a ser? Del delantero centro del «Deportivo Aviación» durante la República.

—Chacho... antes nadie hablaba de él y ahora está en boca de todos.

—Yo nunca creí que existiera hasta que vine aquí, yo creía que sería una invención de mi padre para arrancarme a mí el nacionalismo de la cabeza. Y es que hay hombres que nacen para héroes, que parecen hechos más por la fantasía que por la realidad, como si fueran el sueño de un pueblo.

Iturmendi eructó otra vez. Y ahora, con la mano abierta sobre el pecho, cerró los ojos y la boca como si se escuchara a sí mismo por dentro. Cuando se recuperó añadió:

—¿Qué hubiera dado Euskadi por un hombre como éste? En el treinta y seis le metió tres goles al Madrid, seis al Barcelona, y cinco al Athlétic... A cinco partidos del final de la liga el Deportivo Aviación iba en primera posición, dos puntos por delante del Real Madrid; entonces Chacho se lesionó y la catástrofe, claro... la liga se fue una vez más para el Madrid. Chacho era el mejor. Era bueno en todo. Había vuelto Anselmo con la botella de vino y se disponía a abrirla.

—¿Bueno, Chacho? —dijo Anselmo—. Que lo diga mi abuelo que con más de cien años todavía te dice cómo jugaba: ¡El mejor del mundo! Lo quiso fichar el Barcelona, el Madrid... todos se lo quisieron llevar. Le daban ciento cincuenta mil pesetas...

—Casi las mismas que yo te doy por su retrato...

—... una millonada por entonces. Pero mi tío Juan Ignacio no quería que jugara y él, por no disgustar a los suyos, renunció a marcharse fuera. Cuando vinieron a ficharle del Barcelona se entrevistaron con mi tío en el teatro Principal donde mi tío regentaba el ambigú. Dijo mi tío: ¿A quién quieren llevarse, a éste?: ¡sí, es el corazón del ambigú! De ahí le vino el sobrenombre. Aunque luego se le llamó también «el tigre del Agujero», porque él había nacido en el barrio del Agujero.

Anselmo no pareció advertir que el corcho se hundía en el vino. Decía:

—Lo dice todo el mundo: era el mejor. ¡Y qué equipo tenía el Deportivo Aviación de aquélla! ¡Era mundial! En la puerta, Venancio —y al decir el nombre se carcajeó—: ¡je, je! —con ostentación y suficiencia—, en la defensa, Morilla y Tascón —y otra vez rió—, de medio centro, ¡Severino!... —y de nuevo rió— y así enumeró hasta siete nombres más, siempre acompañados del bisilábico carcajeo, una mágica lista que parecía romper dentro de su enorme corpachón fuegos de artificio.

Miraba su muñeca y les miraba a ellos. Iturmendi acabó la última cerveza, mientras que Vidal mediaba la suya. Anselmo seguía diciendo:

89

—¡Qué equipo tenía el Deportivo de aquélla! Pasó de tercera en el treinta y uno, a casi ganar la liga en primera en el treinta y seis. Pasó, como digo yo, del barrio al mundo. En cinco años Chacho metió más de quinientos goles, es decir que salió a más de tres goles por partido. ¿Quién hace lo mismo hoy? Chacho fue siempre el máximo goleador. Que jugaba en tercera, el máximo goleador de tercera; que jugaba en segunda, el máximo goleador de segunda; que jugaba en primera, el máximo goleador de primera...

Iturmendi volvió a eructar. Por sus cabellos pajizos y por su frente borbotaban pequeñas gotas de sudor. Se golpeó el pecho con la palma de la mano y gritó:

—¡Concho, tráenos otra botella!

Anselmo reparó en el corcho irremisiblemente hundido y se alejó de ellos en una cómica carrera de pasitos cortos.

—¡Sí! —dijo Iturmendi cuando se hubo repuesto—, era un tipo colosal, de aquellos como sólo hubo durante la República, como Picasso, Lorca y esos, como aquel torero, Mejía o Mejías, que también era poeta. Y es que dicen que era bueno en todo, que tocaba la guitarra como los ángeles, que cantaba divinamente, un verdadero superdotado y además de una simpatía arrolladora... Dicen que sería poeta también, que escribía versos, y no malos... A mi Arnedo me ha dicho al oído que los mejores poemas de Zarandona los ha sacado de una vieja libretita de Chacho que encontraría en los viejos campos deportivos del Agujero. Debía de tener unos cojones así de grandes. En serio: parece que era excepcional... ya no sólo por lo efectivo de su juego, salía a más de dos goles por partido, sino por cómo jugaba: tenía velocidad y tenía resistencia y le pegaba a la pelota, de frente, plaf, con una fuerza descomunal. ¡Aaahhh! Decía mi padre, que sólo le vio una vez, que verle jugar era como ver correr a un tigre: pon, pon, pon, tú ves esa seguridad, esa elegancia y rapidez que tienen los tigres en la carrera y esa cosa como de plomo, al mismo tiempo, sólida y poderosa, pues eso tenía Chacho. Y tal cosa, dicha por mi padre, tiene mérito ¿comprendes? Mi padre vino aquí a ver a los leones de San Mamés y lo que vio fue al tigre del Agujero.

Vidal se encogió de hombros.

—A ti el fútbol te la trae pendulona ¿a que sí? —dijo Iturmendi, que añadió suplicante—. Olvídate de Julito...

—¿Qué Julito?

—¡Concho! Casi lo matas y ya te has olvidado de su nombre.

Vidal sonrió con tristeza:

—¿Está fuera de peligro?

Iturmendi hizo un gesto de suficiencia.

—Hola, doctor —el saludo procedía de Pili, la mujer de Anselmo, también vestida de blanco; llevaba una bata anudada por delante, con solapas y escote muy amplios, que permitían ver bajo la fresca y abultada sotabarba la generosa ladera ascendente en la que moría atropelladamente el cuello y nacía, como si de una verdadera plataforma continental se tratase, el murallón del seno. En la frontera de uno y otro, como lindero de corral, un colgante de oro; la mujer, que miró a Vidal al soslayo, en seguida añadió—: ...y compañía.

Traía en la mano un papel doblado.

—Se lo han recomendado a mi suegra. Dice mi

suegro que la vamos a matar a porquerías. Pero ella se queja y se queja. Y no se puede dormir en la casa. Y como siga así, es ella la que nos va a acabar matando a todos.

Le tendió el papel:

—¿Qué le parece? Nos lo recomendó el médico del seguro, un tal Agustín no sé qué... ¿Se lo damos o no se lo damos?

Iturmendi lo miró con atención. Meneó la cabeza arriba y abajo. Leía con dificultad.

—Mal no le va a hacer —dijo.

—¿Pero se lo doy o no se lo doy?

—Mal no le va a hacer —repitió Iturmendi, y como viera que ella iba a insistir, añadió con un gesto de firmeza—: ¡Dáselo, mujer!

—Bueno, si usted lo dice, se lo daremos... ¿Han pedido ya? ¿Qué han pedido? Luego cuando venga mi niña quiero que la vea también. Tiene un tobillo que dice que no para de dolerle... Si no le importa.

—Hemos pedido vino y no viene —dijo Iturmendi.

Cuando volvieron a quedarse solos a Iturmendi se le había ido el santo al cielo:

—¿Qué te decía yo? Despreocúpate de Julito, no tiene nada... ¡ah, sí! Te decía que mi padre vino con el Athlétic en el año 36. El Deportivo Aviación todavía jugaba en los campos del Agujero y el Athlétic tenía que ganar por fuerza si quería seguir aspirando al campeonato. Y perdió, vaya que perdió: ¡siete a cinco!, ¡con cinco goles de Chacho! Ese día mi padre, viendo lo que hacía un solo hombre, con once vascos, un maqueto, con perdón, rompió el carnet del partido de Arana, lo rompió en mil pedazos, porque, según me dijo a mí, no sé si en broma o en serio, vio que era mentira eso del nacionalismo y lo vio en las carreras de Chacho, en la finura de su regate, en la caballerosidad de su juego... Fíjate si tiene importancia el fútbol. Lo creerás o no lo creerás pero parece que no ha habido en el mundo otro jugador como Chacho... un jugador que además salvó a mi padre del nacionalismo —y rió fuerte Iturmendi.

Vidal miró la hora en su reloj de pulsera.

—Me dijo la enfermera que no podía salir de la ciudad.

—¿La Pepita? —preguntó Iturmendi—, es colosal. Es tan cumplidora que hace hasta de comisario de policía. Tiene unos huevos de elefante. ¿Te tomó declaración algún urbano?

—No.

—Pues, tranquilo —y levantó la última jarra de cerveza para brindar con Vidal que así vació la suya—. Vete donde quieras y mañana será otro día.

Vidal volvió a mirar el reloj.

—Quiero irme pronto. ¿No te importa?

Iturmendi se quedó sin habla y pareció mirar a Vidal por primera vez. Al fin dijo:

—Aguanta un pelo, hombre. No me dejes solo ahora.

Vidal sonrió:

—No quiero que se me haga muy tarde —dijo.

Volvió Anselmo con otra botella de vino que se dispuso a abrir. Iturmendi preguntó:

—Oye, Anselmo, enséñanos el palomar, anda, que Vidalín no lo conoce —pidió Iturmendi.

—¿No has estado nunca arriba?, ¿de verdad? —preguntó Anselmo, más que sorprendido, consternado.

Vidal negó con la cabeza.

—¡Venid! —ordenó Anselmo.

Dejó la botella sobre la mesa y se encaminó hacia el bar; los otros le siguieron, las miradas de los parroquianos detrás de ellos, parecían los galardonados que son llamados de entre el público a una tribuna para recibir su título. Se agacharon para pasar al otro lado de la barra, bajaron un par de escalones y atravesaron una estrecha puerta de la que partía una empinadísima escalera. Las maderas crujieron como las de un viejo barco. Anselmo accionó un interruptor y encendió la luz. Fue como si en un cielo negro resplandeciesen de repente las estrellas. También aquellas paredes estaban llenas de retratos.

—Aquí hemos colgado a lo mejor de la nueva universidad: ...don Argimiro de la Cuesta, vaya cordobés fino, no sé lo que no sabrá de historia pero es simpático una hemina y media..., don Pedro de Busturi, el decano de la facultad de hostiología o histiología o no me hagáis caso, y don Eladio de las Hoces, que creo que es catedrático de la historia y del derecho... Aquí tenemos colgado al plantel completo como podéis comprobar.

La escalera, a más de estrechísima, era casi de caracol y los tres hombres subían por ella no sin dificultad. Los sonidos del bar tomaban allí rumor de oleaje, un fragor de fondo bronco y persistente cuya intermitente potencia venía graduada por las puertas que se abrían y cerraban al paso de los camareros, como por efecto de los golpes de viento en los accesos a la torre de un faro. Se oyeron entonces llantos de niño, voces de mujer, y rumor de trasteo en la cocina, tal y como si se acercaran al hogar del farero. Iturmendi eructó otra vez y, ora por efecto del roce de uno de sus hombros, ora por la inopinada onda sonora, un cuadro se cayó al suelo y su cristal se hizo añicos. Desde dentro de la casa les llegó nítido un juramento.

—¡Mi padre! —exclamó Anselmo.

Oyeron cómo unos peldaños más abajo se abría una puerta y vieron a Pili, la mujer de Anselmo.

—¿Qué es?

Pili parecía cerrar el paso a otra persona. Se trataba del padre de Anselmo que pugnaba por situarse delante de ella. Era un hombre muy bajo y corpulento; tenía la boina sobre la cabeza.

—¿Quién era, Selmín? ¿Quién ha caído?

—Nadie, padre, nadie.

—¿Quién ha sido, Selmín? —y volvió a blasfemar.

—Vaya, padre: ha sido Lupercio el sastre ciego que ya lleva más de veinte años muerto.

—¡En el valle de Josafat lo veremos! —dijo el viejo.

—Eso digo yo —dijo Iturmendi.

Terminó Anselmo de colocar el cuadro en su sitio y abajo cerraron la puerta.

—No le gusta a mi padre que tiremos los cuadros. Dice que no es la primera vez que cuando uno cae le traen la noticia de la muerte del retratado, el mismo día y a la misma hora. Él sabe cuándo murió Chacho.

—¿Chacho? —preguntó Iturmendi—. Si Chacho vive todavía...

—Eso dicen. Y menudo lío que tienen en el Ayuntamiento con eso. Dicen que Chacho se escapó de San Marcos en el cuarenta y algo y que se fue a la Argentina en un barco. Mi viejo está seguro de que se murió a las dos de la mañana de un día como hoy de ese mismo año. Por eso cómo iba a escribir ni no escribir si está muerto desde hace casi medio siglo.

—¿Cómo es eso?

—Tal día como hoy, imagínate, a las dos de la mañana, después del follón, cuando se había ido todo el mundo, estando recogiendo el bar el viejo oyó cómo caía al suelo el retrato de Chacho. Parece que eso mismo ocurrió con Eltenedor, un maestro que me dio clase a mí, y con Cucañitas, el mariquita de la pasarela, ¿os acordáis de él? Aquel que vivía por Santa Elvira y que se pasaba las horas muertas sentado en el pitorro que servía de remate al pasamanos de hierro de la pasarela de la estación. El mismo día que aquí un golpe de viento tiró su dibujo en el bar, se cayó de lo alto de la pasarela y un mercancías lo pasó por encima. Claro que la culpa sólo la tuvo él, porque no era cliente ni nada, bueno a veces compraba una gaseosa, pero él mismo nos trajo un autorretrato y cogió una perra terrible hasta que no lo colgamos en el bar... era un retrato pequeñito con un marquito de plata, todo él muy mariconín... ¡pobre muchacho!

El palomar era una estancia amplia con viguería, travesaños y suelos de madera en la que se había habilitado el mejor comedor de la casa. El techo se abuhardillaba en uno de sus lados por el que se abría un ventanal con cuarterones. Todas las paredes, incluido el techo en su parte inclinada, se hallaban llenas de retratos.

Anselmo comenzó a señalarlos uno a uno. No le bastaba con verlos, tenía que tocarlos y quería que los otros los tocaran también. Estaban en el Palomar. Y Anselmo quería que sus invitados tocasen uno a uno a sus pichones, les palpasen el buche y la pechuga, sintiesen en su mano su palpitar caliente y sopesasen lo bien que se criaban bajo sus cuidados.

—Éste es el Marquesito Gitano, Dios le tenga en la Gloria, si es que existe... Éste es Dionisio Pirita, aquel empresario bañezano que reventó la banca de Montecarlo a cabezazos, creo que todavía sigue preso... Mirad, veis éste..., éste era el campanero Campullo...

Y así fue enumerando con entusiasmo y tocando unas veces y bajando otras a los mejores ejemplares de su colección.

—Cuidado con éste... no, a ése no le cojas por ahí... mirad aquel otro...

Vidal vio en lo más alto el retrato de don Enrique, enmarcado en caoba, un dibujo antiguo, de antes de la guerra, un dibujo sepia, con un don Enrique apuesto, a pesar del atrevimiento picassiano del artista, de mirada clara, un dibujo hecho por uno de los primeros dibujantes de La Charca, quizá por el más famoso de todos, el que firmaba con el seudónimo de Miramamonín.

—Ese de don Enrique es de los tiempos de mi abuelo. Dicen que ese y este de Chacho son los dos mejores retratos antiguos que tenemos. Este Miramamonín era un ruso blanco que murió en las brigadas internacionales. Su verdadero nombre era Inefable.

—¿Inefable?

—Eso dice mi abuelo por lo menos y así le llamaba siempre Chacho. Porque otros le llamaban Federico. Estuvo aquí dos años mientras se construyó el túnel de la Arenera. Aquí comía y cenaba a diario. Y es que se negó a trabajar: se declaró objetor de túneles y obras públicas...

Iturmendi se carcajeó.

—Eso he oído. Era ingeniero de caminos, canales

y puertos como don Arístides Roland. Pero mientras don Arístides trabajaba como un condenado, Inefable no pegaba ni clavo. Vino detrás de una hija de don Arístides. La siguió por África y Asia hasta llegar aquí.

—¡Pues si que anduvieron!

—Sí. Este don Arístides era un ingeniero mundial. Él planeó la construcción de un ferrocarril por el desierto, el Transahariano, por eso le hicieron el encargo de venir aquí, que esta obra entre montañas dicen que es tan internacional y dificultosa o más que aquélla.

—¿Y cómo le dio por llamarse Miramamonín?

—Cualquiera sabe. Un ruso que se viene a vivir aquí ya tiene que estar majarón de la azotea ¿no?

Iturmendi, puesto de puntillas, había logrado bajar el retrato de Chacho que estaba enmarcado igual que el de don Enrique, y lo sostenía en sus manos como si en verdad se tratara de un ser vivo capaz de echarse a volar. Anselmo le miraba expectante. Había en su actitud tanta cautela y avaricia como amor.

Iturmendi dijo:

—¿Cuánto quieres por él? Déjamelo, anda.

El retrato de Chacho era un pichón blanco que volaba por el campo de un estadio.

Iturmendi lo cogía con mimo, con devoción, con nervios. Vidal se acercó para mirarlo. Tenía razón Iturmendi: los rasgos de Chacho con el pañuelo circundándole la frente evocaban una época de leyenda, en que los héroes y los soldados eran también poetas.

Anselmo lo recuperó de sus manos y volvió a colgarlo de la pared.

—Tú eres capaz de matarlo —le dijo.

Iturmendi hizo un gesto de hastío.

—Bueno, venga vámonos a tomar las vulvas machorras, que ya tengo hipoglucemia.

El descenso lo hicieron despacio y en silencio.

—El catorce de julio murió Chacho —oyeron que decía el padre de Anselmo al cruzar el umbral de su casa—. Me acuerdo —añadió el viejo— porque ese día se tomó la Bastilla.

Iturmendi, que iba detrás de Anselmo, se volvió a Vidal y le hizo un gesto que éste no fue capaz de entender.

Salieron de nuevo al bar y volvieron a sus asientos. El comedor estaba ya casi lleno. Se llenaron los vasos de vino y bebieron. Vidal dijo:

—Me tomaré sólo las vulvas y me iré.

—Venga, Vidalín, no seas flojo —contestó el otro volviendo a llenar los vasos—. Después de las vulvas habrá que tomar criadillas, con un poco de guindilla ¿eh? Y luego ya veremos ¿eh? No te me vayas a ir ahora —y volvió a alzar la voz, una voz fanfarrona que, sin embargo, estaba atravesada por la súplica—: además quiero que me eches una mano con Anselmo. Me quiero llevar ese retrato hoy.

Vidal no contestó. Volvió Pili con su hija y el doctor Iturmendi pasó una rápida y jovial consulta.

—Una venda fuerte y ya está.

—Por lo de antes, no preocuparse —dijo Pili—, aunque mi suegro es gafe en eso de las muertes, le trae la cigua a cualquiera.

Cuando vino Hilario, el camarero, con los platos de vulvas, toda La Charca, incluido el comedor, era un barrizal de voces:

—Más vino, tú. Y dile a Anselmo que no se me

escaquee. Que le tengo hecha una puja por Chacho.

Los platos de vulvas eran soperos y rebosaban una
salsa espesa y oscura que cubría como pudoroso
velo unos cuantos trozos de carne blanquecina.

—¿Qué tal? ¿todo bien? —preguntó Anselmo que
se había acercado con otra botella.

—Muy bien —dijo Vidal.

—Delicioso —dijo Iturmendi, que añadió—: es la
carne más fina que existe. Ahora hay que comple-
mentarlo con una de criadillas, y luego ya veremos.
¿Qué tal, para ti, Vidal?

Vidal hizo un gesto denegatorio. Iturmendi dijo:

—Trae una de criadillas y el retrato, anda, tengo
aquí el talonario...

Anselmo, que había acabado de descorchar la otra
botella, cerró los ojos abrumado, miró en su torno y
con un movimiento muy rápido se sentó a la mesa.
Acercando la cara a Iturmendi, en inequívoco ademán de confidencia, dijo:

—¿Visteis arriba una mesa preparada para veinti-
séis?

Los otros le miraron en silencio.

—Está reservada para el presidente de la Diputación y el Alcalde, con sus hombres de confianza.

—¿Para cuándo? —preguntó Iturmendi.

—Para ahora. ¿Sabéis por qué? —y como no contestaron, añadió—: Porque van a inaugurar el edificio Satué con el retrato de Chacho...

—¡No!

—El de Chacho y el de muchos otros... ¿Ya sabéis
lo del edificio Satué, lo que fue el Gran Casino Regional durante la República? —los otros asintieron—. Lo han comprado entre la Autonomía, la Di-

putación y el Ayuntamiento. Quieren dedicarlo a exposiciones y cosas así. Esta provincia es la niña bonita de la Autonomía. Y van a empezar con estos retratos. Desde este mismo momento estáis invitados a la inauguración.

—¿Estos retratos? —preguntó Vidal.

Anselmo sonreía ufano.

—No, los del palomar. Bueno, una selección. A nosotros nos sueltan una buena pasta y no nos metemos en nada. El viejo estuvo inspirado cuando los guardó. Porque tuvo que echarle valor, que por entonces a toda esta gente se les perseguía por rojos, republicanos y masones. Y menos mal que no los quemó. A mí me han dicho que estos retratos pueden valer más de veinte millones de pesetas. El tal Miramamonín, por ejemplo, cuando vivió en París se llamó Lacall y fue famosísimo. Y luego todos los otros: Arturito Cimadevilla, Pedrín Corrida, Adalberto de Jaz, Fulanón, Wences, Olegario Deolito... hasta este de ahora —y señaló en dirección al bar—, Pastrana, que tampoco es manco.

—¡Más de cien millones al talego! —dijo Iturmendi.

—¡Menos lobos! Ni la décima parte nos dan a nosotros. Porque sólo se quedan con los que van del 31 al 36...

—¡Los de la República! —exclamó Vidal.

—Sí, señor, éstos sólo quieren los de la República, de los demás no hacen ni puñetero caso. Ahí arriba han estado más presidentes, ministrillos y consejeros que en mi vida. Pero el que corta el bacalao es Zarandona, el poeta...

Iturmendi alzó su vaso lleno de vino y brindó.

—Por la República.

—¿Y qué van a hacer con los retratos? —preguntó Vidal.

—¿No te digo?: Una exposición, algo genial: «Los retratos de La Charca» la van a llamar. Zarandona ha escrito un libro entero sobre ella...

—¡Los retratos de La Charca! —repitió Vidal admirado.

Pero luego qué va a pasar con los retratos. Yo quiero el de Chacho —dijo Iturmendi.

Anselmo hizo un gesto despreciativo.

—¡Aguanta, hombre! Déjame hacer a mí los negocios, no seas como mi padre. ¡Luego seguro que me los devuelven otra vez! ¡Y veremos!

—¿Veremos qué?

—¡Veremos, hombre, veremos!

—Bueno ¿qué? ¿os pongo una de criadillas?

—Haz el amor y no la guerra dijo Iturmendi, con una risotada

—A mí no —dijo Vidal, que añadió levantándose—: dime lo que te debo por todo que voy a irme en seguida.

—¡No me dejes solo, concho! —protestó el otro.

Vidal vaciló y se sentó, aunque dijo:

—Quiero acostarme pronto.

En ese momento entró en el comedor el fotógrafo Linaza. Llevaba una camisa sahariana, ancha como la carpa de un circo, con haldas bailonas.

—¡Linaza! —llamó Iturmendi.

Linaza tenía una cabeza enorme y una cara blanca y alargada por la que corrían las gotas de sudor como por una fuente de porcelana puesta a secar. Sonrió:

—¡Hombre! ¿Habéis acabado?

Iturmendi volvía a sonreír.

—No; pero éste dice que se va. Yo todavía me quedo. Anda siéntate ahí. Yo todavía no he cenado. Me he tomado sólo unas vulvitas, pero ahora tengo que tomar unas criadillas, luego veremos... Tienes que contarnos tu viaje a la Patagonia. ¿Visteis a Chacho? Anda siéntate, siéntate Linaza, y dile a Vidal que no se vaya. Cuéntanos... Por cierto, ¿qué tal te han ido las pastillas que te recomendé? Creo que el alcalde también anda jodido del estómago....

VI. El subcomisario Malo

Laura volvió a mirar su reloj de pulsera. Eran las diez y trece y Vidal seguía sin llegar a la oficina.

La noche antes, después de haber acostado a sus dos hijas, sus mellizas de apenas tres años, había esperado en vano el cadencioso golpear de nudillos con que Vidal, que se había negado siempre a tener su propio llavín, solía anunciarse. Una espera ante la televisión, sosegada y perezosa, alimentada de mucha rutina y presta desde luego a la tentación de cualquier sueño. ¿A qué, pues, la desazón de ahora?

Laura se levantó de su silla y, como quien salta de la cama en medio de la noche para huir de pensamientos de ahogo y muerte, se acercó al aseo de señoras. Tanteó la puerta cerrada por dentro y movió la manija arriba y abajo varias veces.

Chicho, sentado a su mesa, rígido el cuerpo, doblaba la cabeza para mirarla por encima de sus gafas.

—Es la hora de María Dalia. Como no vayas al de caballeros...

Laura murmuró:

—Vampiresa...

Chicho dijo:

—No le tengas esa manía, mujer, que se te nota todo...

Laura se cruzó de brazos en gesto de impaciencia.

—¡Si se pasa las horas muertas en el baño!

—Vete al de caballeros, mujer. Todos los inspectores están fuera. Hoy no va a haber más caballeros que Vidal y yo. Y él no ha venido y yo no voy a entrar...

Laura se fue hacia el otro lado y entró en el aseo de caballeros. Echó el pestillo y se acercó al espejo, un frío rectángulo sin marco, con desapacibles desconches en sus bordes, tal la hoja oxidada de un cuchillo.

Se vio los ojos verdes y grandes, pero también la tez pálida; se pellizcó en las mejillas y trató de sonreír. Apenas pudo. Unos extraños bultos negros que colgaban del techo a su espalda la sobresaltaron. Llevó las manos a la boca y se volvió. No creía haber gritado y, de haberlo hecho, tampoco parecía posible que Chicho desde su asiento pudiera haberla oído. Y, sin embargo, ya golpeaba la puerta:

—¿Laura, te pasa algo?

Laura abrió y señaló hacia lo alto, tras las abiertas cortinas de plástico: dos jamones, cinco lomos y cuatro ristras de chorizo colgaban del techo.

—Menudo susto me he llevado.

Chicho reía. Y señalaba con la mano hacia la bañera.

—¿Y no has visto esto?

Extendidos por la bañera se amontonaban lomos, cecinas, chorizos y morcillas, oscuros, casi negros, en contraste con el esmalte blanquísimo, lo que dejaba a la vista una impresión de ultraje, como la de quien ha sufrido violencia en su persona o ha sido despojado por la fuerza de alguna pertenencia.

—¡Por Dios!

—Los ha traído Arturo el viernes para analizar.

—¿Tú crees que éste es sitio para guardarlos?

—¿Y qué quieres, hija? Está la cámara estropeada. Aquí por lo menos están frescos. Yo ya me he hecho un bocadillo de cecina esta mañana.

—¿Lo sabe Vidal?

—¿Y qué...?

—Digo si sabe que están aquí estos chorizos.

—Pues claro, rica, Vidal lo sabe y está de acuerdo.

—¿Sabe que están aquí, en el baño?

—¡Claro!

—No me lo creo. Si no nos los traen ya contaminados, aquí cogerán miasmas como cocodrilos.

—Ladillas van a coger. No te jode.

—¿Pero qué inspección de Sanidad es ésta?

—Pues, dale tú misma una solución a Vidal, rica: si Adela lleva dos meses de baja por embarazo y Mari Carmen tiene la gripe. ¿Quién quieres que haga los análisis?

—Cualquier inspector...

—Y si además la cámara está estropeada en algún sitio habrá que guardar los chorizos ¿no? No le vayas tú a volver loco a Vidal.

—Yo no vuelvo loco a nadie, gilipollas.

—Bueno, bueno, mujer, que estás tú buena esta mañana.

Laura hizo ademán de volver a cerrar la puerta:

—¿Me dejas?

Pero Chicho salía muy despacio, de tal modo que, cuando Laura volvió a cerrar, lo sintió todavía allí, pegado al otro lado de la puerta, sin moverse. Esperó. Y sólo cuando le pareció haber oído sus pasos alejándose levantó la tapa del inodoro. Orinó, muy ensimismada, con los ojos cerrados, como quien persigue una música interior. Entonces oyó un frufrú de rozamientos al otro lado de la puerta.

—¿Vidal? —dijo.

Pero era Chicho que, ahora sí, tras haber ella hablado, parecía alejarse con paso apresurado.

Se miró otra vez al espejo. Tenía las mejillas descoloridas, los ojos apagados. Se lo había dicho Vidal muchas veces. Sus colores eran como la hierba en primavera que necesita de horas de sol para traspasar la palidez del rocío. Otra vez intentó sonreír. Y otra vez se alarmó. De un lugar incierto y próximo surgía una sinuosa enredadera de sonidos, un leve tintineo que repicaba en rededor suyo como esas piedrecillas que entran por los bajos del coche y resuenan hacia arriba. Desconcertada miró a un lado y a otro, el cascabeleo parecía muy inestable, a veces rastrero, a veces volátil; no sin aprensión se asomó otra vez a la bañera en la que seguían quietos los lomos y chorizos. Y sólo cuando cesó el sonido cayó en la cuenta de que provenía de la ventana que se hallaba entreabierta. Se acercó a ella y la abrió del todo.

Allí estaba María Dalia que, asomada a la otra ventana, la del aseo de señoras, con la cabeza levantada y los ojos cerrados, fumaba un cigarrillo.

María Dalia no se inmutó. El patio de luces se abría por un lado a un escalonado y rojizo horizonte de tejados y de patios que terminaban en un costado de la estación del ferrocarril, mientras que por el otro se cerraba con el ángulo recto y blanco de la casa. La ventana de María Dalia daba al Levante, la de Laura al Norte. María Dalia parecía en éxtasis como bañista tumbada al sol en una playa. De sus labios salía una delgada pero firme columna de humo.

Un tren se acercaba a la estación y hasta ellas subía amortiguado por la distancia un estruendo de hierros y resoplidos, un estruendo alargado y sostenido, desfalleciente, sin embargo, como el de un inmenso globo que se deshincha...

María Dalia abrió los ojos. Pasaban los vagones metálicos y azules uno a uno hasta hundirse en la sombra de la marquesina, lo hacían despacio, con su consiguiente martilleo sobre la vía, un martilleo que era también como el golpe del agua en el hierro al rojo vivo.

—¿Qué vendrán a hacer aquí? —casi musitó María Dalia.

—¿Quién? —preguntó Laura con extrañeza.

—Los que vienen en el tren. Yo siempre les saludo. Me encanta...

Y María Dalia, que forzaba el escorzo para ampliar su visión, comenzó a agitar la mano en ademán de saludo. Al hacerlo movía también la cabeza, los hombros, el cuello, toda la parte que de su cuerpo asomaba por la ventana, de modo que sus pulseras y colgantes, sus pendientes y collares vibraban y se entrechocaban con sonecillos de gallardete. Laura la miraba asombrada.

—¿Tú crees que habrá alguno que venga desde Bilbao?

—¿A esta hora? No, a esta hora no vienen de Bilbao.

Pero María Dalia parecía no hacer caso.

—¿No te gustan los trenes?

—Prefiero el avión.

María Dalia no dijo nada. Volvió a aspirar su cigarrillo. Saboreaba el humo con los ojos cerrados hasta que en uno de ellos pareció entrarle algo y una lágrima se expandió por su mejilla.

—Anoche se ha marchado mi hijo a la mili.

Laura se sobresaltó:

—¿Ya? ¿Cuántos años tiene?

—Dieciocho. Se ha ido voluntario. No ha querido estudiar, mejor que se haya ido voluntario...

—Pero si era un niño.

María Dalia no contestó. Y Laura adivinó que había arrojado la colilla por el retrete. La cisterna se llenaba con sonido ronco.

Laura quiso mirarla con atención. Y, aunque estaban separadas por el foso del patio, la vio como una imagen elaborada en el recuerdo, aproximable por tanto a voluntad, una imagen en la que por encima del capricho de unos rasgos concretos, una cabeza gorda, un cuello ancho, unos labios gruesos y carnosos, brotaba una fuerza de hembra, primitiva, imprecisa, ondulante, de la que emanaba una violenta sensación de belleza.

—¿Quieres un cigarrillo? —le ofreció María Dalia.

No le apetecía pero se sintió incapaz de rechazarlo que tenía de travesura tan insólito ofrecimiento a través del patio. María Dalia arrojó un cigarrillo y de nuevo el respingo de una seductora orquestina de sonidos leves y volatineros recorrió su cuerpo. Laura alzó las manos y lo capturó al vuelo. Muy satisfecha se lo puso en los labios.

—No tengo fuego.

—Toma el mechero —dijo María Dalia.

Y lo lanzó tan musicalmente como había lanzado el cigarrillo. Y Laura también lo recogió. Lo encendió y aspiró el humo. Estaba cada vez más contenta. La cisterna había terminado de llenarse.

—Ya se va. Ahora sí que se va —dijo María Dalia aludiendo al segundo tren que se había ido llenando de viajeros.

—Éste sí creo que va a Bilbao —dijo Laura. Y las dos lo vieron partir en silencio.

María Dalia suspiró. Laura la miró extrañada.

—Oye —preguntó con un punto de alarma—, ¿no se irá tu hijo en ese tren?

María Dalia tenía las mejillas llenas de lágrimas. Parecía que el humo del cigarrillo le había entrado en los ojos.

—No, qué va. Él salió anoche para El Ferrol. Se ha hecho marino como su padre...

María Dalia sonreía. Debía ser que el humo la molestaba.

—Ahora sí que me he quedado sin hombres en casa.

Se alejaba el tren con ritmo que no era de máquina sino de remo, ritmo de corazón animal que ha de esforzarse por abandonar su morada. Pero antes de que las rojizas espaldas de la ciudad, tapias, ladrillos, tejas, consiguieran ocultarlo a la vista de las dos mujeres ya su pulso se había hecho mecánico y martilleaba impertérrito sobre la vía con un sonido que la distancia creciente y el eco de los patios volvía invernal y melancólico, un sonido que contrastaba con la luz y el calor incipiente de la mañana.

—¿Nunca has visto zarpar el barco de América? —preguntó María Dalia.

Laura hizo un gesto de extrañeza. María Dalia añadió:

—Nos poníamos en el monte de El Musel y cuando el barco salía agitábamos los pañuelos. ¡Si ves qué bonito era! Todo el puente lleno de gente, gente de todo tipo, y señores muy bien vestidos, muy elegantes. Ellos también agitaban sus pañuelos. Con mucha clase eso sí. No sabes la impresión que daba, aquellos señores tan señores agitando sus pañuelos.

—Pero ¿cuándo era eso?

—Yo era muy pequeña. No me acuerdo ni de los años que tenía.

—Ya no se va en barco a América.

—¡Qué lástima, verdad!

—Ahora para todo se va en avión.

—No sabes lo bonito que era ver cómo el barco se alejaba. Parecía como si subiera por el mar gris hacia el cielo también gris. Porque siempre estaba el cielo gris. Y se veían los pañuelos cada vez más pequeños, tan blancos y brillantes, como luces, como puntos, como bolas de nieve, y luego cada vez más quietos y más quietos y más quietos... Todas las mujeres lloraban. Mi madre la que más... ¡No sabes qué bonito era!

—Muy triste ¿no?

—Era precioso. Con aquellos señores tan señores. A mi madre le encantaba. A veces íbamos al Musel sólo para verlo. Es de las cosas más bonitas que he visto en esta vida.

—Me parece muy triste —insistió Laura.

—¿Te das cuenta cómo somos las mujeres? Mi padre se fue en un barco así y nunca más volvió. ¿Sabes cómo se llamaba ese barco?: La Felicidad de los Mares. ¡Menuda felicidad! Nunca supimos si murió o si se casó otra vez o si vive todavía. ¿Qué te parece? Y mi madre no nos llevaba a ver los barcos que venían sino los que se iban... Qué tonta ¿verdad? Yo hubiera ido a ver los que venían. Pero así somos las mujeres. Aunque yo no. Yo no soy así. Así era mi madre, y todavía lo es, y así me parece a mí que eres tú. Pero yo no. Yo no soy así. Menuda soy yo.

Bajo la esquina de la marquesina no se veía ya a ningún viajero. Había un vagón apartado en una vía y un ferroviario caminaba por ella. Sus pasos acrecían la impresión de soledad. Laura se sintió llena de congoja.

—¿Por qué no vamos dentro?

Pero María Dalia pareció no oírla.

—¿Sabes una cosa?, nunca me he subido a un barco, ni siquiera me gusta el mar, esa cosa tan absurda, de grande y de salada. Bañarse en el mar, para mí, es como meterse en una bañera llena de pis.

—¡Qué asco! —dijo riendo Laura.

—¿También a ti te da asco?

—No, a mí me encanta. Todo lo relacionado con el mar me encanta.

—Pues a mí del mar, la langosta y punto. Y para eso que sea del Cantábrico, porque otras, a mí que no me las den... Y para no gustarme el mar, para repatearme los barcos los he tenido hasta en la sopa... desde mi pobre Iñaqui, tan guapo como era... —y María Dalia cantó—: Él era rubio como la cerveza...

Los ojos de María Dalia, maliciosos y grandes, del color de la miel, brillaban enfebrecidos. A Laura le parecieron de una atrevida belleza, como sus llenos brazos desnudos y su piel morena y su carne toda, tan generosamente ataviada de collares, anillos, pendientes y pulseras; los mismos que al moverse despertaban el rumor de su cuerpo, su verdadero reclamo, tan aventurero y excesivo como el diapasón del crótalo. Y Laura la recordó muchos años atrás con su melena al viento y una falda estampada de mucho vuelo por el Rey Bueno del brazo de un marino de pelo rubio resplandeciente, de traje ceñido y blanco, joven, apuesto, sonriente...

—Me divorcié de él y al mes de divorciarnos se mató en el Golfo Pérsico... Mucho antes de la guerra del Jomeini. Hasta para eso mi Iñaqui tuvo que ser pionero...

Laura, desvanecida de repente su anterior antipatía, se sintió, sin embargo, más celosa que nunca, porque, por primera vez, estaba segura ahora de que María Dalia se había acostado, no una vez sino muchas, tantas como hubiera querido, con Vidal.

—¿Tú crees que si no nos hubiéramos divorciado se me hubiera muerto igual? Muchas veces lo pienso, no creas. Muchas noches que estoy sola. ¿Otro pitillo?

Laura recibió al vuelo otro cigarrillo, lo encendió con el mechero que todavía tenía y se lo lanzó luego a María Dalia. Dieron una bocanada y expulsaron el humo. Lo vieron ascender y adelgazarse. Laura dijo:

—No pienses en eso, mujer.

—¿En qué?, ¿en los barcos o en los hombres?

—En las dos cosas.

—A pesar de la fama que tengo, a mí no me persiguen los hombres. A mí me persiguen los barcos, ya te lo he dicho.

Laura rió. María Dalia añadió:

—¿No sabes lo último?

Laura negó con la cabeza. Miraba a la otra con clara simpatía.

—Tú sabes que yo fui novia de Jaime Gutiérrez, el que se casó con la sobrina de don Enrique; bueno novia, amiga... el caso es que nos acostábamos, mujer.

—¿El concejal de Cultura que está en la Argentina?

—Sí, ése, el concejal de Cultura que está en la Argentina. ¿Sabes lo que ha pasado?

Laura negó con la cabeza.

—Bueno, ¿tú sabes para qué fueron a la Argentina? —pero María Dalia no esperó respuesta—: Fueron a buscar a Chacho, el futbolista de la República. Bueno pues no le encontraron. Se gastaron la tira de dinero, en Río y en Buenos Aires, en aviones para aquí y para allá, a toda pastilla con las señoras. No veas. Y después de casi un mes se volvieron con la cabeza gacha y el rabo entre las piernas. Todos, menos Jaime que se quedó para seguir él solo la aventura y ponerle la medalla a Chacho, no te jode.

—No sabía.

—De eso se trataba, de ponerle una medalla en el pecho, o en el cuello, o en la polla al tal Chacho... No te voy a decir que me ha disgustado que Jaime se quedara, porque desde que se casó, aunque no te lo creas, no nos hemos visto ni en misa. Pero, digo yo, cómo se puede dejar así plantada a una mujer, y lo digo por la sobrina de don Enrique, por esa mocosa, no te creas.

—Pero volverá, mujer.

María Dalia inclinó la cabeza sobre el pecho. Sus ojos refulgían maliciosos.

—¿Que volverá...? ¡Niña! A ti te tengo yo que dar

lecciones sobre hombres. Esa mocosa nunca debió volverse sin él, porque has de saber que ella, la muy señora concejala, también se fue a la Argentina. ¿Cómo vas a poner a un hombre en esa tentación? ¿Tú no sabes que mi madre todavía me quería llevar este año al Musel a ver el barco?

—¡Si ya no hay barco!

—Para nosotras siempre hay barco. ¿Qué es el barco sino la espera un día sí y otro también? Que se lo digan a mi madre. ¡Por Dios! ¡Poner a un hombre en esa tentación! ¡Mocosa! ¡Con las truchas que hay en la Argentina y con lo que le gusta pescar a ese sinvergüenza...! A mí me ha enseñado Mari Coro, la del Ayuntamiento, unas fotos donde está el alcalde con unas truchas que pescaron allí que no veas, de más de un metro de largo, parecían bonitos... Pero no sabes lo mejor.

Brillaban los ojos de María Dalia. Un fulgor que revelaba una enorme temperatura interior.

—Mari Coro me lo ha dicho todo: Jaime se ha quedado en un buque, ¿te das cuenta? Quiere ser como ese Robinson Crusoe.

—Pero ¿cómo que se ha quedado en un buque?

—Menudo lío que tienen en el Ayuntamiento.

—Además Robinson fue un náufrago que vivió solo en una isla.

—¿En una isla en el culo del mundo, verdad? Porque eso dicen que es la Patagonia y Tierra del Fuego. Me ha dicho Mari Coro que Jaime, mientras esperaba el avión que le llevaría hasta Chacho, conoció a un marino portugués que tenía puestas unas redes en el mismo río donde él pescaba. ¡El flechazo, no me digas más! Dice Mari Coro que ese portugués era un chiflado de no te menees, y que vivía desde hacía más de dos años completamente solo en un barco encallado sobre la arena a unos quinientos metros mar adentro.

—¿Sería un yate entonces?

—No, hija, no. Era un buque enorme, de carga, de esos que tan bien se me dan a mí. Encalló en un banco de arena o como se diga eso y la tripulación esperó en vano a que el armador, o sea el dueño de la pasta, viniese a rescatarlos. Y como no vino porque le iba a ser más caro el remedio que la enfermedad, pues poco a poco los marinos abandonaron el barco. Todos, menos el portugués que, con la bodega llena de conservas y bebidas, el camarote del capitán, y las truchas de los ríos cercanos, supongo que se sentiría como Adán en el paraíso...

—¿Y qué tiene que ver Jaime con eso? Parece un chico tan sensato...

—Si no se habla de otra cosa en esta puta ciudad, hija.

—¿Se ha quedado Jaime con el portugués?

—No sé si con él o solo, hija. Eso no lo sé. A mí me da que solo, que es muy capaz de haberle comprado la finca al portugués, a ver si me entiendes. Y todo con dinero del Ayuntamiento, no te vayas a creer.

—¡No, por Dios!

—Te lo digo yo.

—¿Cómo se puede hacer una cosa así?

—El barco... ¿no te he dicho?

—¿El barco?

—El barco, el barco, el barco, esos putos barcos que persiguen a mis hombres.

—¿Hablas en serio?

—¡Tú no conoces a los hombres!

—Pero es increíble.

117

—Además Jaime tiene una vocación secreta: quiere escribir novelas. Eso sólo lo sé yo y no se lo he dicho ni a Mari Coro que es la que me cuenta todo lo del Ayuntamiento. Por eso no digas nada que no lo sabe ni la sobrina de don Enrique, ni lo sabrá nunca, porque él jamás le decía nada, y yo no se lo voy a decir ahora. Pero te apuesto la mili de mi hijo, y si pierdo que haga dos años más, a que Jaime se ha quedado en el barco para escribir una novela...

—No puede ser.

—Sí, hija, sí. La novela de esta ciudad maldita. A mí me lo ha dicho muchas veces. Hasta me la iba a dedicar: A M. D. G., iba a poner ¿entiendes?: A María Dalia González. No suena mal ¿eh? Pero él lo quería poner así, en abreviaturas: A M. D. G. A lo mejor ahora en ese barco encallado en Tierra del Fuego es capaz de hacerla. Y habrá que leerla luego.

Y María Dalia soltó una carcajada. Luego dijo:

—Tú no sabes ni la mitad de lo que pasa aquí. Tienes que aprender muchas cosas de los hombres, niña. De este Vidal mismo que es un bendito, pero que hay que saber manejarlo... Lo que yo te podría enseñar si tú quisieras...

Laura enrojeció. Pero se veía desarbolada ante María Dalia, a la que ya se había entregado por completo. Y temía seguir la conversación.

—¡Nos llaman dentro! —dijo, deseando que fuera verdad.

María Dalia miró el reloj y soltó una risotada:

—Llevamos aquí la tira.

Laura cerró la ventana y vio cómo María Dalia también cerraba la suya.

Y era verdad que las llamaban. Laura abrió la puerta y de nuevo se encontró frente a Chicho. Con las gafas caídas sobre la nariz, apoyaba su mano derecha en el quicio de la puerta.

—Ya iba a llamar a los bomberos.

—¿Qué dices?

Chicho no la dejaba salir.

—Que iba a llamar a los bomberos y se ha presentado la policía. Está aquí el subcomisario Malo, pregunta por Vidal...

—¿Qué quiere?

—Hablar con Vidal. A lo mejor ha habido una denuncia con esto de la bañera. Sería estupendo. El inspector inspeccionado. El alguacil alguacilado. El inspeccionador que inspeccione al inspector buen inspeccionador de inspectores será.

—¡Ganso!

Comenzó a sonar un teléfono. Primero uno, luego otro. Era el caos. Era mucho más que la piedra que rompe en círculos la calma del agua.

—¡Qué mañana! —exclamó Chicho, que dijo en alta voz—: ¡María Dalia, coge ese teléfono!

María Dalia desde el otro lado se apresuró hacia la mesa de Chicho. Tomó el teléfono.

—Bueno ¿qué hacemos con Malo? —decía un Chicho acuciante.

—A ver qué quiere. Yo no sé dónde está Vidal.

—¿Lo hago pasar al despacho?

Laura se encogió de hombros y entró en el despacho de Vidal. Chicho por su parte se fue hacia el vestíbulo. Y cuando volvió, acompañado del subcomisario, Laura no pudo por menos que advertir la significativa mirada que éste y María Dalia se dirigieron. María Dalia estaba diciendo:

—Era Isidro quien llamaba. Que dice que ha localizado un secadero clandestino de Mosácula en la

119

montaña de Lot, donde tiene también la embotella-dora de agua mineral. Le han dicho que de ahí saca los jamones que luego vende como de Jabugo. Es gracioso ¿no? Ha hablado también de anabolizan-tes, hormonas y de un montón de cosas. Dice que le digamos a Vidal que si quiere ir a verlo que él estará allí hasta mañana.

Sí, era mucho más que la piedra que rompe la tranquilidad del estanque. Era como si de repente un pájaro, que hubiera salido de su jaula, revolotea-se alocado y suelto por la oficina y chocase contra paredes, estantes y personas. Volvió a sonar un telé-fono y luego otro. Y María Dalia y Chicho se alejaron otra vez. Chicho repetía:

—¡Qué mañanita!

—No está el inspector —dijo como para sí mismo el subcomisario, y añadió con firmeza—: bien. —Y luego—: muy poquita cosa quiero.

El subcomisario era un hombre casi barbilampi-ño y muy bajito que se estiraba. Era joven todavía, quizá de la misma edad de Vidal. Sin una cana, de pelo peinado hacia delante a lo seminarista, liso y pajizo, sus hombros guardaban la apariencia de muy anchos y sólidos bajo las exageradas hombre-ras de su americana. Se movía a zancadas por el despacho como hacen los detectives en las películas. Parecía un policía de juguete.

—¿Y dónde está el llamado Vidal?

—Eh, que no es ningún alias.

El subcomisario se detuvo en seco. Dobló la cabe-za para mirarla. Abría los ojos como un pájaro noc-turno. Los tenía marrones y le brillaban. Sus meji-llas muy tersas tenían una tonalidad rosa de pepona, la que a Laura le faltaba.

—Inspector Vidal Ocampo, sí —dijo el subcomisario arrastrando las palabras. Y añadió—: ¿Sabías que ha atropellado a un niño y que se ha dado a la fuga?

—¡No!

Laura se sentó.

—Las apariencias le condenan.

—¿Qué le ha pasado al niño? —preguntó Laura.

—¿Sabes dónde anda?

Laura sentía náuseas. Volvió a preguntar:

—¿Qué le ha pasado al niño?

—El niño está en el hospital. Pero ¿dónde está Vidal?, ¿dónde está el inspector Vidal Ocampo? Tenemos que ver su coche. No se le habrá ocurrido arreglar los desperfectos.

—No le he visto —dijo Laura en voz muy baja.

Los teléfonos de la oficina sonaban otra vez, también el de Vidal. Laura lo descolgó. Era don Enrique que también quería hablar con Vidal. Y lo mismo Chicho anunciaba desde la puerta:

—Llaman a Vidal del Gobierno Civil, ¿viene o no viene?, ¿qué digo?

El subcomisario Malo sacó del bolsillo lateral derecho de la americana un cigarrillo que encendió con un Dupont de plata. Lo hizo lentamente haciendo girar el cigarrillo entre sus dedos mientras le aplicaba la llama. Soltó una bocanada de humo hacia lo alto. El tabaco, muy oloroso, era rubio americano.

—Escucha, niña —le dijo a Laura—, no vengo por lo del niño atropellado. Eso todavía no es un problema para Vidal. Aunque puede serlo porque no ha sabido comportarse. Ahora vengo como particular, casi oficiosamente, desde luego, no como policía. Lo

121

de policía estoy a punto de dejarlo. Me dedicaré al derecho que es lo que me gusta. Llevo muchos años trabajando en la sombra en un bufete que llevo a medias con mi socio. Tú lo conoces, supongo: Longinos Gilsanz, todo el mundo lo conoce. Es el abogado de la Elaboradora Industrial, de Recreativos Industriales, de los Laboratorios Palma, de Industrias El Paramés de Ezequiel Mosácula... ¿Lo conoces?

—¿A quién? ¿A Mosácula? Claro.

—No, a mi socio: a Longinos Gilsanz. Todo el mundo lo conoce en la ciudad. Y a mí nadie. Yo sólo soy un policía. Pero el bufete no es suyo. Es suyo y es mío. Los clientes no son suyos. Son suyos y son míos. Ni siquiera la mesa de su despacho es suya. Ésa es mía. Yo la traje de Socuéllar, provincia de Toledo, la que había pertenecido al notario de mi pueblo. Allí yo sí soy conocido. Me han dado la medalla de hijo predilecto como a Chacho. ¿Qué te parece?

El subcomisario Malo tenía unos ojos muy abiertos y luminosos, en los que la luz parecía refractarse y volver al exterior sin tocar ninguno de los conductos internos de su cerebro.

—¿Qué quiere de Vidal?

—Nada, qué voy a querer. Todos le queremos. Yo le quiero. Tú le quieres. Don Enrique le quiere. El gobernador le quiere...

Laura se levantó. Era bastante más alta que él.

—Qué calor —dijo, y se abanicó con una mano.

—El gobernador es también abogado, como yo. Y también se pagó la carrera, como yo. Él la hizo en Valladolid. Yo la hice en Oviedo, por libre, ya de policía. Es lo que siempre quise ser: jurista. Las leyes me gustan más que las pistolas.

El subcomisario no tenía aspecto de abogado ni de policía. Parecía el eterno adolescente sin pandilla, aquel que es rechazado por ser muy mayor entre los de su estatura, o, por muy infantil entre los de su edad. Laura veía en él una amenaza, una amenaza antigua y morbosa, que más nacía de esa inestabilidad que de sus palabras. Era una amenaza doméstica, sin embargo, muy pequeña y familiar, pero muy insidiosa, era la amenaza del pájaro escondido y suelto por la habitación, sin garras, sin dientes, sin apenas pico, quizá sin la voluntad de hacer daño, pero muy capaz, acaso por impulsos de su propio miedo, de chocar contra su cara y dejarla marcada para siempre.

—¿Has visto qué pistola nos han dado ahora? En esto sí hemos mejorado con la democracia.

El pájaro volaba hacia Laura a punto de chocar contra su rostro.

—Mírala. La mía es de las más bonitas.

Laura miraba hacia la sala general, más allá todavía, hacia el ancho pasillo donde a un lado hablaba por teléfono María Dalia, al otro, Chicho. No era muy capaz de entender la situación pero estaba segura de que si alguien podía resolverla era María Dalia. Sus ojos imploraban en la distancia. María Dalia mírame, por Dios, decían. Ven aquí, ven aquí, decían también. Pero María Dalia hablaba por teléfono muy entretenida, mohínes majestuosos movían su melena a un lado y a otro y, aún sin oírla, Laura evocaba su sonido, ese tintirintín que provoca el cliente al abrir la puerta de algunas tiendas, ese tintirintín de María Dalia que jamás se agotaba, que cuando estaba a punto de extinguirse, se avivaba con el movimiento de un brazo, de la cabeza, del cuello y otra vez remontaba poquito a poco, y subía y bajaba y volvía a subir... ¡Por Dios! ¡Por Dios!

—¿Quieres tocarla? —dijo el subcomisario—. Nunca habrás tocado una cosa tan dura.

Laura evitaba volver a sentarse. Deseaba que el subcomisario se fuera y creía que lo conseguiría más fácilmente si ella se mantenía de pie. Pero no se encontraba bien.

—¿Te gusta? —decía el subcomisario—. ¿Por qué no la tocas? Luego se lo cuentas a Vidal.

—Pero ¿qué dice?

Las mejillas de Laura eran más que nunca una página en blanco. Aquel hombrecillo insignificante que sonreía picaronamente parecía extraído de una pesadilla. ¿Cómo era posible? Toda la vida lo había visto por la calle con su sospechoso bulto en la sobaquera como uno de los elementos más tranquilizadores de la vida ciudadana, un elemento entrañable por lo cercano al ridículo, y casi tierno, del que emanaba una fuerte condición infantil, tan suave y acariciadora como la de los ositos de peluche.

Fue María Dalia quien cogió el alocado pajarillo entre sus manos. Lo hizo sin esfuerzo, con el dominio y la soltura que dan la costumbre, la disposición y el saber. Había colgado el teléfono y estaba ante ellos. Desde la puerta dijo:

—¿Qué haces con esa cosita pitufín?

Y eso, la palabra pitufín, bastó para que el subcomisario Malo, como un niño sorprendido en una travesura, guardara la pistola y comenzara la retirada. Pero María Dalia que ya había capturado al pájaro lo apretaba entre sus manos.

—¿Pitufín, qué te pasa? No ves, pitufín, que aquí

estamos trabajando. Me dan ganas de arrearte una patada en la mitad del culo.

El subcomisario muy colorado retrocedía camino de la puerta. Lo hacía de espaldas y hablaba con Laura.

—Ya hablaré con Vidal. Otro día. No hay prisa.

María Dalia insistía:

—Aquí de pistola nada ¿eh, pitufín?

El teléfono volvió a sonar. Laura gritó:

—¿Chicho qué haces?

Pero Chicho seguía con el oído pegado a su propio teléfono, atento a una interferencia por la que cada día a esa misma hora oía a una emisora madrileña.

—Están imitando al presidente...

—Coge ese teléfono, ¿quieres?

Chicho, sin abandonar el que tenía pegado al oído, se levantó y se acercó a la mesa vecina mientras María Dalia acompañaba hasta la puerta al subcomisario Malo.

—Diga —dijo Chicho, y a continuación—: No. —Y luego—: Ni la menor idea. —Y luego—: ¿Y cómo quiere que lo sepa? Que no señor, que yo no puedo saberlo, pásese usted por aquí pasado mañana o dentro de dos días que ya estará entonces el inspector Coslada y le podrá preguntar a él.

María Dalia cerró la puerta tras el subcomisario Malo y pasó otra vez por delante de Chicho que tapando el micrófono le dijo:

—¡Está fenómeno! Le están diciendo al presidente, presidente, coma caracoles, que de lo que se come se cría, ¿entiendes?, caracol, col, col saca los cuernos al sol...

Laura estaba sentada en el sillón de Vidal. María Dalia se acercó.

—No le hagas caso a este mierda. Es un mierda.
Pero el caso es que ese bigote que tiene tan rubito y
tan tieso me pone cachonda.

Laura la miró a los ojos enojada.

—Perdona que no viniera antes, hija —añadió María Dalia—, me tenía Mari Coro al teléfono. Me estaba contando una cosa graciosísima. ¿Tú sabes cómo
se llama el barco dónde se ha quedado mi Jaime?
Imagínatelo, hija: *Felicity. Felicity*, que en castella-
no significa felicidad. ¿No es graciosísimo?

VII. El tonto del castillo

El cielo se cerraba sobre el cantil como un mar invertido; y por allí, por su mismo borde, como quien pisa las espumas de la última ola, en visión extrañísima, por el mucho riesgo de caminar así, sobresalía la figura de lo que parecía ser un clérigo con sotana, doblado hacia adelante como consecuencia del esforzado avance, con la soga a sus espaldas, la mano derecha con que la cogía cerrada sobre el hombro opuesto, de la que sujetaba por el hocico al toro; hombre y toro, negros los dos, el uno la piel, la vestimenta el otro, satinados y brillantes, eran una sola unidad vital, un solo ser que se movía sobre el abismo como algo irreal, con movimientos y corporeidad de sueño, quizá de pesadilla.

—Si no supiera que era él, pensaría que se trataba de un cura —comentó Vidal.

—Por Dios que sí —dijo Isidro, que apoyaba su espalda contra el muro.

—¡Es un cura!

—Es Fernández Valbuena.

—¿No lleva sotana?

—Lleva siempre una camisa negra.

—¿Va a pasar por aquí delante?

Vicente, el barbero del balneario, que había apartado la navaja de la cara de Vidal y se había vuelto para mirar hacia el cantil, intervino con suficiencia:

—Viene por la calzada romana. En poco más de media hora lo veremos cruzar el puente. A menudo pasa por aquí: o va al Ayuntamiento o va a casa de la Chinta.

Oculto el sol por las nubes, se notaba fresco en la terraza que daba al malecón. Vicente preguntó:

—¿Entramos otra vez? A mí no me importa —e hizo ademán de coger la silla de madera por el respaldo, pero Vidal no se movió del asiento.

—Mejor terminamos aquí —dijo.

Miró otra vez al cantil pero ya la extraña imagen de Fernández Valbuena se había desvanecido como absorbida por un parpadeo de la montaña. Y por encima de los rumores del cambiante mediodía se alzaba ahora el sonido de la navaja raspando su piel. Una pasada larga, una corta, un instante de concentración y un nuevo movimiento de muñeca rápido, certero: ras, ras.

—Lo que quiero que hagas —dijo— es precintar unas cuantas cajas de agua mineral de la embotelladora. Hoy mismo te presentas en el almacén y las precintas. Luego las mandaremos a recoger. Mientras tanto yo quiero hablar con Fernández Valbuena.

—¿No miramos los secaderos de jamón?

—Olvídate de eso.

—¡Buenos son! —exclamó entonces Vicente, que

añadió—: Menudos atracones se dan con los mojamas que vienen a visitarlos.

Isidro iba a decir algo pero Vidal le cortó:

—Haz lo que te digo. Luego nos volveremos a ver aquí mismo.

Isidro dijo:

—Los mojamas no comen jamón.

—Éstos sí, que yo los he visto con estos ojos que se han de comer la tierra.

Terminó Vicente de afeitarle y Vidal se levantó y le pagó. Se despidieron y se alejaron unos pasos del balneario en dirección a un costado de la cabecera del puente. Subieron los escalones de piedra y se asomaron a la baranda. Las sombras del puente daban negrura de sima a las quietas aguas.

—No conviene decir demasiadas cosas delante de la gente —dijo Vidal.

—Si Vicente no puede ver a los Mosáculas —protestó Isidro—. Se ha quedado sin casa por el pantano y cuando acabe el verano ya no tendrá adónde ir. Él me ha dicho también que analicemos el agua mineral que envasa Mosácula en Lot. Está seguro de que la mezcla con la del río. Me ha contado también el tipo de fiestas que da Mosácula cuando vienen los argelinos. Traen chicas y organizan unas orgías de la de Dios es Cristo.

Vidal miró hacia el norte, donde el pueblo se estrechaba hasta morir, en forma de aislado caserío, en las empinadas laderas de un peñón que, salpicado de rocas y brezos, sostenía en su cima el llamado castillo de los Mosácula, el que, según decían, Oroncio Mosácula había comprado cincuenta años antes como regalo de bodas para su joven esposa, la asturiana Blanca Pérez Ansa: una amplia construcción de tres cuerpos con aspecto de fortaleza o alcázar; tejado piramidal a cuatro aguas en su parte más alta; torreón esquinero redondo con chapitel metálico; y tejado almenado de una sola agua en su ala más baja y corpulenta, la que se extendía por todo el costado oriental como sólido y pesado contrafuerte. Allí vivió, encerrada hasta su muerte, como reina medieval enclaustrada, la abuela de Blanca Mosácula, la madre de Blanca Pérez Ansa. Y allí se fugó un día una Blanca Mosácula de poco más de diez años, con dos hermanos, una niña y un niño, a los que doblaba en edad; los tomó de la mano, mientras esperaban a la salida de la iglesia protestante vecina de la parada del *pelines*, y, con el dinero que llevaba para pagar en el colegio una próxima excursión, sacó tres billetes para Lot en Autos Llamazares. Pensaba que allí, en el castillo, podría ocultarlos del mundo y protegerlos contra la iniquidad social que permitía que se criaran en la herejía de sus padres protestantes. Esa acción, que tuvo la inútil transcendencia de una bala que se dispara al aire, a él, todavía un adolescente, aunque ya no era religioso, le hirió para siempre. Blanca se había atrevido: eso era lo importante. Blanca había llevado a cabo un acto en defensa de lo que creía, un acto que, como todos los actos, por el hecho de ser realizado, tendía a modificar el mundo, del mismo modo que la más pequeña gota de agua tiende a erosionar la piedra.

—¿Y cómo se enteran ellos? —preguntó al fin.

Isidro señaló al Sardonal, el inmenso monte que cerraba el valle por el oeste y del que el abrupto cono del castillo, que se alzaba paralelo a él, no parecía sino un mero suplemento, pero un suplemento de agresión y dominio, tal la pica en las manos del soldado.

Vidal sonrió con amargura y cerró los ojos.

—Cuando traen tías —explicó Isidro—, todo el pueblo sube a espiarles. Hasta los niños pequeños. Como aquí no hay toros suben a ver las corridas.

—Y, para desvanecer cualquier duda, añadió—: Corridas de toros, ¿entiendes?

—Estás de coña. Si en esta tierra no hay toros bravos ni costumbres de toros.

—¿Ves aquello? —Isidro señalaba a la base del castillo, a lo que parecía una amplia plataforma semicircular de paredes blancas.

—Parecen casamatas.

—Es un redondel perfecto. Desde el Sardonal se domina por completo.

Vidal forzaba la vista como si buscara algo. Isidro preguntó:

¿Tú sabes cómo compró este castillo Mosácula? No le costó una sola peseta, al contrario. Don Arístides Roland quería hacer allí, en esa plataforma, un observatorio meteorológico ultramoderno, algo único en la montaña, capaz de dirigir las nubes hacia el llano y regular las lluvias. ¿Lo ves bien? Las autoridades de entonces le prometieron importantes subvenciones, a condición de que la empresa estuviera ya más que iniciada. Don Arístides, para financiarla, hipotecó sus tierras de Lot y su casa en la ciudad, en la que viven desde entonces los Mosácula; cuando llegaron los vencimientos había cambiado el gobierno y si te he visto no me acuerdo. Orencio Mosácula se enteró de las hipotecas impagadas y acudió a la subasta; fue el único que lo hizo. Se quedó con todo. Dicen que estaba conchabado con alguien del banco; porque Mosácula hipotecó en el mismo banco dos pedregales que tenía en Aviados por una suma elevadísima con la que pagó los bienes del belga y aún le sobró un montón de pasta. Luego, claro, no atendió los vencimientos de sus propias hipotecas.

Vidal callaba. Isidro continuó:

—Los Mosácula aprovecharon para su coso taurino los espejos y buena parte del material óptico que don Arístides Roland había traído de Londres y Nueva York. Y han hecho una plaza que es también como una gran sala de fiestas al aire libre. Tiene el vallado más lujoso que te puedas imaginar y es el coso más alto de Europa. La de Dios. Cuando vienen los argelinos sacan un par de vaquillas y las torean en pelota picada a la luz de la luna. Los espejos lo multiplican todo y hacen de las vaquillas toros y de las putas, janas.

Vidal se echó las manos a la cabeza.

—¡No! —casi gritó.

—La última vez que trajeron unas tías, estuvieron aquí muchos peces gordos. Vicente dice que cree que estaba también un consejero de la Junta, no sabe decirme quién, dice que uno con la cabeza muy gorda.

Miraban los dos hombres hacia la cima del cono montañoso de donde brotaba el llamado Castillo de Mosácula con la rotunda corpulencia del puño que emerge de un brazo musculoso. En lo más alto de la torre esquinera Vidal creyó reconocer lo que buscaba: una armazón que, inclinada hacia el abismo, sostenía centenares de bombillas apagadas.

—¡Mira! ¡Está allí todavía! ¡Es la cruz de Santiago! —exclamó entusiasmado—: De día no se distingue, pero de noche, con todas las bombillas rojas encendidas, ocupa la mitad del cielo y parece un milagro. ¡Qué impresión tuve cuando la vi de niño!

—Era la de Dios, sí. Yo también la vi entonces. Pero eso no es la cruz de Santiago.

—¿No?

—¿No ves lo que es? Espérate a la noche y lo verás.

Vidal arrugaba la frente. Isidro explicó:

—Este Mosácula es todavía más largo que su padre. Durante las últimas elecciones se lo alquiló al mejor postor y los socialistas pusieron el puño y la rosa. Te puedes imaginar la impresión. Eso sí que era el cambio de verdad. Si te quedas esta noche lo podrás ver. Como en el pueblo han ganado también, todavía lo encienden. Y es mucho más bonito que la cruz de Santiago.

—¿De veras?

Volvió a asomar con fuerza el sol entre las nubes y el aire se colmó de una dorada transparencia. Fernández Valbuena se acercaba por el otro extremo del puente. Su pelo amarillo refulgía bajo el sol.

—No lo había visto nunca de cerca —comentó Isidro.

Vidal y Fernández Valbuena se abrazaron.

—Así que éste es el famoso Monteazúcar —dijo Vidal aludiendo al toro como quien se refiere al hijo crecido de un amigo al que no se ha visto desde hace tiempo.

El toro era negro, ancho y fuerte, sólido y compacto; tenía una mancha blanca en el testuz y muy poca cornamenta.

—Es un Galloway —dijo Fernández Valbuena con orgullo—: un gran reproductor. —Y luego—: ¡No sabes qué ganas tenía de verte!

Se separaron de Isidro en el mismo puente y dejaron atrás el balneario. Vidal sonreía mirando al toro.

—Me han dicho que te has negado a ser alcalde de Lot, a pesar de encabezar la lista más votada. Pero eres concejal, un hombre importante, y eso no es apartarse del mundanal ruido —ironizó.

Fernández Valbuena agachó la cabeza.

—Sí, sí —acertó a decir avergonzado, y luego, como si extrajera sus palabras de un pozo sombrío, añadió—: Lo que no hago todavía es hablar por teléfono. Dentro de poco cumpliré diez años de la última vez. Por eso dejé recado en el balneario. Me produce angustia.

Fernández Valbuena le habló entonces de lo mal que se sintió cuando su hermano Pedrito, el enano, se suicidó. Verlo colgando de aquella viga en el almacén de hierros de su padre, a tanta distancia del suelo, como si al ahorcarse tan alto hubiera querido resarcirse de la estatura que no tenía, le había conmovido de tal modo que abandonó su trabajo en la facultad de Veterinaria y buscó la soledad de la montaña, una soledad entre animales cuya sexualidad investigaba.

—Así que Monteazúcar es tu único amigo —dijo Vidal que con ambas manos trataba de espantarse las moscas. Fernández Valbuena sonrió otra vez:

—Ni lo intentes. Él me ha dado la mitad de las suyas. Y yo te he dado la mitad de las mías.

Un camión que parecía venir de las obras del embalse les rebasó, luego un coche, un Opel con matrícula de Bilbao, luego dos coches más también de Bilbao.

—La semana pasada murieron dos hombres en el embalse. Y hoy hay unos cuantos espeleólogos atrapados en una cueva.

Atravesaron el pueblo y descendieron a orillas del río para bordear el Sardonal. Las nubes volvieron a cerrarse y una sombra de desasosiego, a la que acompañaba un zumbido creciente, pareció cubrir el monte. Fernández Valbuena se detuvo. El toro lanzaba el testuz hacia un lado. Fernández Valbuena a duras penas conseguía contenerlo con la soga. Vidal aguzó el oído: el zumbido parecía crecer en las entrañas de la tierra.

—¿Pasa por aquí debajo un tren?

Fernández Valbuena no contestó, tensaba la soga y procuraba calmar al pesado animal. El suelo trepidó. Vidal insistía:

—Estamos encima de un túnel.

El toro rozaba su cornamenta contra el suelo cuando oyeron un súbito tronchar de ramas. Fernández Valbuena dirigió la vista hacia lo alto donde morían las manchas de carrasco y señaló con la mano a una figura frágil de larga melena que saltaba por los riscos con agilidad de cabra.

—¡Son los Alomar! —exclamó—. ¡Ahí está Fina! —movió la cabeza en rededor—. ¡Ah, y ahí está el hermano pequeño, Abdón! —Pero Vidal no entrevió más que lo que podía ser un pajarraco enorme de pluma blanca y negra que desmochaba las ramas al desplazarse—. ¡El padre tiene que estar con ellos!

Y, sin que tuviera ocasión de negarse, Vidal se vio con la soga en la mano, mientras Fernández Valbuena se disponía a subir ladera arriba. Pareció entonces como si el monte mismo pusiera en tensión sus monstruosos músculos. A Vidal se le soltó la soga y

Monteazúcar saltó hacia la carretera. Fernández Valbuena le gritó:

—¡Que no se escape!

La mirada de Vidal se prendió en el pelo de Fernández Valbuena: un ralo pelo amarillo muy largo que se distribuía en sudorosas y brillantes guedejas.

—Por aquí debajo pasa un tren —supo decir al fin.

Monteazúcar se había detenido en medio de la estrecha carretera y, abierto de cuatro patas, la soga bajo ellas, orinaba, lo hacía sobre la soga, una meada ruidosa, caliente, olorosa.

Fernández Valbuena lo miró enigmáticamente y movió un dedo en círculo.

—¿No has visto a los Alomar? Yo he visto a dos hermanas y a tres hermanos. Al que no he visto es al padre.

—¿Quiénes son?

—¡Ah! ¿No has oído hablar de ellos? Dicen que aquí debajo está hueco todo. Parece que hay minas a centenares... inmensas galerías de minas; las abandonaron tan de repente que dejaron las mulas dentro y criaron y se reprodujeron y ahora galopan en manadas... Eso dicen.

—¿Manadas de mulas?

—Increíble, verdad. Pero acuérdate que ya Estrabón habla de rebaños de ganado mular que se reproducían entre sí. Aquí había además de todo, garañones catalanes, yeguas de Poitou, burdéganos y mulas. Dicen que todas están ciegas, porque han nacido en la mina y nunca han visto la luz. Todo es posible. La verdad es que no es la primera vez que veo a los Alomar cuando el monte trepida. Un día que cruzaba el Sardonal sin mi toro me cogieron por el cuello y no te digo lo que me hincaron por detrás.

136

Imagínatelo, que así podrás burlarte cuanto quieras. Son gente muy primitiva. Dicen que las mulas escapan de ellos, que algunas llevan todavía las vagonetas a rastras, que por eso repiten el estruendo de los trenes. También dicen que los Alomar viven de ellas, que hacen el amor con ellas, que las cazan y las comen y se hacen vestidos y calzado con su piel; y también que se las venden a los Mosácula.

Monteazúcar seguía meando en medio de la carretera. A su lado, frente a él, vieron a una chica muy joven y muy asustada. Vestía vaqueros y una camiseta roja muy descotada. Llevaba una maleta de tela que alzaba sobre el pecho a modo de parapeto.

—¡Ah, esta debe ser la que vino el otro día! Seguro que el tonto del castillo se la ha estado follando toda la semana. Hace unos años le traía una cada quince días. Ahora, ni una al semestre; el monstruo ha perdido fuerza... Cuando vivía Orencio no le apareaban y bramaba como una bestia; sus aullidos se oían en Lot...

El sonido del motor de un coche hizo que la muchacha se volviera y comenzara a hacer señas de *auto stop*. Pero el coche, muy destartalado, era un modelo antiguo, de techo alto y formas cuadradas, cuyo motor, a juzgar por el humo negro que, acompañado de una escandalera de explosiones, salía de su tubo de escape, parecía estar fallando. Lo conducía un hombre al que acompañaba en el asiento delantero una mujer con una niña en brazos; tres niños más y un adulto, un hombre con la cabeza caída hacia atrás, ocupaban los asientos posteriores.

Los petardazos del coche, cuyo estruendo aumentaba a medida que disminuía la velocidad, llenaban de angustia los rostros del conductor y la mujer;

pero también provocaban la hilaridad de los niños, una carcajada tras otra, como la risa floja y contagiosa de la montaña rusa. Ahora, habiéndolo frenado para evitar el choque con Monteazúcar, las explosiones, cada vez más espaciadas, tenían un resonar agónico. Una bandada de gorriones huyó despavorida de un matorral cercano. El conductor se echaba las manos a la cabeza.

Vidal y Fernández Valbuena bajaron a la carretera y se acercaron a Monteazúcar por detrás. Fernández Valbuena quiso tomarlo de la anilla del hocico pero el toro volteó el testuz y no se lo permitió. Se alejó de él unos pasos, lo rodeó, se agachó y con la aguijada empujó la soga hacia adelante; luego, ya delante del toro, la cogió, húmeda de orines, y pudo dominarlo.

El conductor se bajó del coche y abrió de par en par las puertas; salieron primero los niños de los asientos traseros, luego la mujer con la niña en brazos.

—¡A empujar! —ordenó el hombre.

Él volvió al volante y los tres niños, el mayor no tendría más de doce años, comenzaron a empujar el coche. Pero apenas lo movían. Y para colmo, cuando el conductor accionaba la puesta en marcha, de nuevo se producían las explosiones y los niños volvían a reírse.

El conductor echó el freno de mano y se bajó del coche, abrió una de las puertas traseras, y arrastró por el brazo al hombre hacia fuera; el hombre no se tenía en pie, ni siquiera sostenía la cabeza. Tenía una extraña melena gris, corta y lacia de puntas desiguales.

—¿Está enfermo? —preguntó Vidal.

138

El conductor contestó con un jadeo. Se había pasado el brazo del otro sobre su espalda y con dificultades intentaba llevarlo hacia la orilla de la carretera. Era mucho más alto que él. Vidal le ayudó. Y entre los dos lograron acercarlo al desmonte y dejarlo sentado en el suelo, la espalda contra el talud. El hombre, al sentarse, dejó escapar una potente ventosidad.

—¡Es un idiota de la cabeza! —exclamó entonces el conductor como si lanzara un escupitajo. Pero en seguida añadió con la mansedumbre que trae la desgracia—: Mi hija es la única enferma. —Y señaló a la niña que estaba en brazos de la mujer—: Las estoy llevando, a ella y a su madre, al coche de línea. Mañana tienen que estar en Madrid para tomar un avión para Alemania. Le van a hacer un trasplante de médula.

—¿Viene o no viene don Ezequiel? —preguntó entonces la chica, jaquetona.

—Ha llamado por teléfono para decir que no puede venir —dijo el conductor.

—¡Es un asco! —exclamó la chica—. Ya le dije que volvemos a rodar esta noche. Estaba muy claro que hoy tenía que venir a por mí.

—Por eso yo he sacado este coche. Porque él no puede venir. Había prometido venir a por mi señora y a por mi hija. Le tienen que hacer a la niña un trasplante de médula en Alemania. Y gracias a él la operación no nos va a costar nada.

—¡También había prometido venir a por mí! —exclamó la chica, que añadió, señalando al hombre tumbado—: ¿Y por qué lo han traído? ¿No estaría mejor en casa? Con él no cabemos en el coche.

—Él siempre tiene que estar con mi señora o conmigo. —Y, mientras el conductor hablaba, el hombre tumbado dejó escapar otra enorme ventosidad. Los niños volvieron a reír. El conductor añadió—: No basta con que le demos una pastilla que lo adormezca, también tenemos que traerlo con nosotros.

Las palabras del conductor llevaron a Vidal, por segunda vez en el día, hacia los años de su adolescencia, cuando en el firmamento familiar de los Mosácula se advertía la fuerza gravitatoria de una masa indefinida y brumosa, que, atisbada apenas a través de un intenso telescopio de rumores, se configuraba en la fantasía ciudadana como un ser de película o de novela, como aquella cruel máscara de hierro con la que se apartaba del mundo al heredero legítimo de un trono. El tonto del castillo era el hermano idiota de Blanca Mosácula, el hijo del pecado de su madre que desde su nacimiento había estado prisionero en la montaña de Lot.

Una furgoneta de mediano tamaño se acercó en sentido contrario. La chica corrió hacia ella. La furgoneta, abarrotada de muchachos con aspecto de alpinistas, se detuvo. La chica habló con el conductor y de la parte trasera surgieron risas y voces. La chica movió la cabeza y señaló a su maleta, a un lado de la carretera. Por un momento pareció que se iba con ellos. Pero en seguida la furgoneta siguió su camino sin ella.

—¡Mierda! —dijo la chica—: Todos van hacia la cueva. Por lo visto ahora hay ya catorce espeleólogos perdidos. Siete vascos, primero; luego siete catalanes que entraron a rescatarles y también se perdieron; ahora vienen estos desde Galicia...

El conductor levantó el capó y se inclinó sobre el motor. Su mujer, con la niña en un brazo y una pequeña bolsa de lona en la mano, había echado a caminar por la carretera en dirección a Lot.

Vidal se acuclilló ante el tonto del castillo. Parecía incapaz de levantar la cabeza. Babeaba. Pero, a pesar del cabello sucio y mal cortado y de la desfallecida expresión, era un hombre bien parecido, de cuerpo alto y bien proporcionado.

—¿Le da lástima? —preguntó la chica detrás suyo.

El hombre alzó la cabeza y abrió los ojos, sonreía. Los ojos eran azules, con mucha luz.

Ella también le miraba. Era poco más que una niña. A Vidal le resultó muy familiar. Su voz sonó melancólica.

—¡Qué ojos tan bonitos!... —añadió.

—¿Quién es? —preguntó Vidal.

—Pregúnteselo a él —contestó la chica señalando al hombre del coche.

Vidal repitió la pregunta. El conductor contestó desafiante.

—¡Es mi hermano! ¿Qué pasa?

El conductor había limpiado las bujías y las había vuelto a instalar. Sudaba, más por la angustia que por el calor; aunque ahora el sol sí caía de plano. Se subió al coche y trató de ponerlo en marcha. La mujer y la niña estaban a punto de perderse tras la curva. Él las miraba mientras hacía girar la llave de contacto una y otra vez. El motor no arrancaba. Vidal se sacó del bolsillo las llaves de su coche y se las tendió.

—Está en el balneario. En la entrada principal. No tiene pérdida: un BMW de dos puertas nuevo, el único que hay. Úsenlo para llegar a Lot y si ya ha salido el coche de línea alcáncenlo. Luego lo dejan

en el mismo sitio y le dan las llaves a Vicente el barbero.

La chica con un movimiento rápido tomó las llaves de la mano de Vidal.

—Yo voy a por él y les recojo a todos —dijo.

El hombre había vuelto a levantar el capó y parecía más desconcertado que nunca. Vidal le preguntó.

—¿Le vale a usted así? ¿Sí o no? Dígamelo. Yo le
dejo las llaves a usted para que lleven a la niña. ¿Me
entiende?

Pero el hombre no contestaba. La chica se impa-
cientaba. Los niños, en torno a ellos, les miraban
expectantes.

—¿Qué dice usted? ¡Venga diga algo! —increpó la
chica—: ¡Yo voy a por el coche! —dijo, y emprendió
la marcha.

—¿Usted se hace cargo? —insistió un Vidal acuciante—: Es por la niña.

El hombre asintió al fin. Le gritó a la chica:

—¡Venga a por nosotros y dígale a mi señora que
se esté quieta! —luego se volvió a Vidal. Ni le mos-
tró agradecimiento, ni le miró con simpatía. Dijo—:
Si no fuera la niña...

Vidal le dio una palmada en el hombro y le deseó
suerte. Luego, con Fernández Valbuena y Monteazúcar, reemprendió el camino. Dejaron atrás la carretera y entraron en el monte.

—Siempre me has gustado —dijo de repente Fernández Valbuena—: Es tu sensibilidad —añadió—:
Me lo acabas de demostrar una vez más. Recuerdo
muy bien tus pensamientos de niño. Si no hay un
paraíso para los animales, decías, con la vida tan
dura que llevan, no puede haber un paraíso para los

hombres. ¿Sabes lo que siento?: Que no seas como yo. Nunca me había atrevido a decírtelo.

Vidal guardaba silencio y Fernández Valbuena comenzó a reír.

—Te agradezco que hayas venido a verme —dijo luego, pero su voz sonaba extraña, medio burlona, medio histérica, y muy propensa al daño; sobre todo, a sí mismo—: porque no sólo los humanos padecemos desvíos y aberraciones.

Y, mientras se acercaban al barrio de La Chinta, Fernández Valbuena le habló de una vaca a la que llamaban la Campanera, bastante menuda pero muy guapa, de piel canela, ojos castaños y morros blancos; le dijo que en veinte ocasiones se la habían traído a Monteazúcar y en veinte lo había rechazado; y que, sin embargo, un año la llevaron a la feria de Pradines y allí la cubrió un toro de Torrelavega, y el año pasado la habían llevado a Los Picos y también se había dejado cubrir, aunque luego había abortado.

—Como ya no me la traen, les llevo yo a Monteazúcar —dijo finalmente—. Y siempre lo rechaza... Si vieras cómo se levanta con la verga al aire, parece un animal de los mares emergiendo del agua. ¡Qué pena da verle!

Antes de cruzar el puente ojival de La Chinta, Fernández Valbuena empalideció. En un poyo de las primeras casas del barrio estaba sentado Homero, el cuñado de la Tona, la dueña de la Campanera. Le bastó con mirar su cara para adivinar lo ocurrido. Y ya no quiso ver a la Tona. Por primera vez, desde su retiro en la montaña, sentía vergüenza y dolor. Pero la Tona era implacable. Les siguió hasta más allá del puente.

—Ni criaba, ni daba leche. ¡Qué íbamos a hacer con ella, sino venderla para carne! —decía.

El regreso lo hicieron en silencio. Los esquilones del ganado y el gorjeo de los pájaros amortiguaban el pulso de la tarde y llenaban el espacio de algo inconcreto y vano, algo que no era sino tozudez, la misma inerte tozudez que movía los pasos de Monteazúcar, quizá sus propios pasos.

—¿Te das cuenta? —acertó a decir Fernández Valbuena—: Quienes no se comportan como se espera de ellos son sacrificados.

—Así es la vida —dijo Vidal, que, sin embargo, desde que había descubierto el eslabón perdido de los Mosácula, no había dejado de rememorar la agridulce desgracia del tiempo pasado.

Fernández Valbuena tenía los ojos brillantes.

—Yo no soy un Narciso de la especie —añadió quejumbroso—: ¿Qué diferencia hay entre Monteazúcar y tú? Él come y tú comes, él respira y tú respiras, él goza y tú gozas. Por eso cuando hay una Campanera que lo rechaza, yo me siento más conforme con la naturaleza y con el mundo. Ahora sí que dos y dos son cuatro. A ella no le gusta Monteazúcar y a mí no me gustan las mujeres. ¿Dónde habrá vaca como esa vaca, madre mía?

Vidal iba a decir algo cuando oyeron una voz que provenía de lo más alto de una ladera sombría, llena de árboles en la que se percibía la huella arqueada de un cauce de agua. El cartero de Lot les hacía señas imperiosas de que subieran. Enrollaron la soga de Monteazúcar en el tronco de un árbol y emprendieron la ascensión. Al pie de la falda del monte, el agua, que descendía en abundancia, se veía ligeramente incrementada por otro arroyo que venía desde el fondo del valle.

La inclinación de la ladera era brusca, pero el trayecto corto y de no difícil acceso, excepto en su último tramo. El torrente bajaba con ímpetu, entre rocas y viejos troncos cubiertos de musgo. El acceso al manantial, frente a cuyo brote estaba el cartero que les guiaba con sus voces, estaba dificultado por un fuerte talud en que se enmarañaban las ramas de las hayas.

Llegaron a la fuente. El paraje estaba cubierto de variada vegetación. En la ladera había una cueva oscura, que sólo dejaba entrever el suelo, cubierto de agua. Allí un rayo había derribado una gran haya, que mantenía su tronco inclinado sobre la entrada de la gruta, como un extraño dintel. Unos metros más abajo brotaba el agua.

La subida les había acalorado y se arrodillaron para beber. El agua, muy fría, tras un primer remanso, se escapaba con rapidez rompiéndose en varios torrentes que se deslizaban espumeantes sobre el cauce, todo él cubierto de un grueso y exuberante tapiz de musgo.

—Hemos encontrado esta cuerda —les dijo el cartero de Lot. Y se la tendió de tal modo que les forzó a cogerla—: parece que es de los vascos. Llevan más de siete días ahí metidos. La hemos seguido y se pierde en la Laguna Tibia pero se siente a alguien al otro lado.

El sol apenas penetraba y las sombras se teñían con el reverbero verdoso del ramaje. El ruido del agua lo ocupaba todo. La gruta, vista desde la fuente, presentaba una oscuridad más rotunda, que parecía anunciar abisales recovecos. El cartero se asomó al interior:

—¡Cabo, eh, cabo! Aquí hay más gente. ¡Échennos una mano, a ver si tenemos más suerte!

De la cueva salieron entonces dos guardias civiles con el uniforme empapado de agua y de barro y, para asombro de Vidal, el doctor Iturmendi, Tonchi, que vestía la bata verde del hospital como si también estuviera de servicio. Cuando Tonchi vio a Vidal lo señaló con el dedo índice y el brazo extendido. Lanzó una carcajada y habló a gritos, con voz jolgorienta:

—Coño, Vidal, te veo en todas partes. Tengo dos primos de Donosti aquí encerrados y hay que sacarlos. Deben de estar a salvo en alguna burbuja de la Laguna Tibia. Mira, si coges la cuerda lo notas en seguida tu mismo. El tirón corto, ta, ta, ta, ahora el tirón largo, ves, taaa, taaa, taaa, y otra vez el corto: ta, ta, ta... ¿Te das cuenta?: Es un S.O.S. clarísimo.

Vidal que tenía la cuerda entre las manos no notaba nada. Iturmendi parecía muy divertido.

—Estos chicos están muy preparados. No hay nada que pueda con ellos. Si hay que comer galletas, pues a comer galletas, pero seguro que las que ellos llevan son galletas al pil pil. Ya verás como salen. Van a sacar a los catalanes a hombros.

—¿Tiramos los seis, todos a una? —preguntó el cabo.

Agarraron los seis hombres de la cuerda y a una señal comenzaron a tirar. Iturmendi gritaba para aunar el esfuerzo. ¡Auhh! ¡Auhh! Los dos guardias se habían despojado del tricornio y clavaban las botas en el suelo. ¡Auhh! ¡Auhh!

—¿Os dais cuenta? —dijo Iturmendi—: Si se suelta la cuerda nos vamos rodando hasta Lot.

¡Auhh! ¡Auhh! La cuerda se tensaba pero no se

movía, parecía tan arraigada como el cable que sobresale de una armadura de hormigón. Vidal se dejó caer en el suelo y los demás le imitaron. Iturmendi mantenía la cuerda entre las manos, la sostenía como si fuera un instrumento musical.

—Es cojonudo —dijo—. Pero ahí siguen. Ta, ta, ta, taaa, taaa, taaa, ta, ta, ta... A estos los sacamos. Sí hombre, sí. Está claro que los sacamos. ¿Cómo vuelvo yo por San Sebastián si no? Y ¿cómo le digo a mi tía que los he tenido al otro lado de la cuerda? Tenemos que sacarlos antes que lo hagan los otros.

Se levantó y reparó en Monteazúcar al pie de la ladera.

—Y si hacemos que esa bestia tire de la cuerda...

Fernández Valbuena replicó indignado, con insólito orgullo.

—¡Este es un toro reproductor, no un animal de carga!

Pero su voz, otra vez histérica, le traicionó y sus palabras sonaron a bravuconada. Había enrojecido.

—¡Es un toro reproductor! —repitió.

Volvieron a tirar de la cuerda y volvieron a dejarse caer sobre el suelo desanimados.

—Yo tengo que irme —dijo Fernández Valbuena—. Aún me queda un difícil camino de montaña con Monteazúcar.

Vidal se ofreció para ir a Lot y desde allí dar aviso a las otras partidas de rescate.

—Ya te veré —le dijo Iturmendi—: Cuando saquemos a éstos voy a buscarte que tengo que contarte algo fenomenal de Chacho. Me lo ha contado en el hospital un enfermo que te conoce, le llaman el Riberano. Resulta que fueron compañeros de prisión en San Marcos y escaparon juntos. Al Riberano lo cogieron esa misma noche y Chacho parece que nunca llegó a la Argentina. Ahora sé cantidad de cosas, todas macanudas. Ya verás.

Descendieron. Desenrollaron la soga de Monteazúcar y volvieron al camino. Y sin atisbos de sol, sin destellos, sin los cárdenos resplandores que otras veces a esa misma hora se alzaban tras las blancas montañas poniendo en los valles la ilusión de una olla cósmica cuyos bajos se tocaran con celestes llamaradas, el río se aparecía gris como el lomo de una rata. Y el cielo vespertino que caía sobre ellos era también gris, pero mucho más profundo, así la sensación de abismo se acrecentaba.

En Lot comenzaban a encenderse las bombillas rojas del castillo.

VIII. Laura

El andancio, qué nombre tan apropiado, de fantasma; y de verdad que se cuela como un duende por los entresijos del cuerpo, se atrinchera sobre todo en el estómago y en la garganta y salta y rebrinca y se apelmaza y cae, para volver a subir otra vez como aquel artilugio francés que algunos años vino con los caballitos, el rotor se llamaba; un cilindro que giraba y giraba hasta alcanzar una velocidad diabólica; de modo tal que, cuando el suelo descendía, las personas que estaban dentro no bajaban con él ni se caían, pues quedaban prendidas a la pared circular por efecto de la fuerza centrífuga; luego, cuando la velocidad disminuía y el suelo subía, aquellas personas, muchachos en su mayoría, apenas se tenían de pie, doblaban las rodillas y llevaban las manos a la frente, temblequeantes y a punto de desmayo... Eso le estaba ocurriendo a Vidal, que, cuando ya creía haber adormecido al duende que se había apoderado de sus entrañas, cuando había cesado de girar y las paredes de su estómago parecían aquietar-se, notaba cómo se caían, cómo se desprendían a girones, cómo se desmoronaban hacia dentro, de golpe, o a borbotones, como un alud o un derrumbamiento, y tenía que correr, con un horrible dolor de vientre, hasta el cuarto de baño, sentarse en el inodoro y, retorcido sobre sí mismo, con un sudor frío recorriéndole las manos y la frente, abrir paso a los escombros que le salían como brasas que ponían en carne viva la piel de sus interioridades...

Así llevaba más de un día, desde que había regresado de Lot. Se miraba al espejo y no se reconocía, la barba crecida como un juncal en una charca, el color macilento, los pelos alborotados, las canas, las pocas que como avanzadilla enemiga comenzaban a apoderarse de su cabellera, escandalosamente presentes, con un color blanquecino, de hueso, de cadáver...

Sonó el teléfono. No era Laura.

—Con Vidal Ocampo, por favor.

—Al habla.

—Hombre, al fin te localizo. ¿Sabes quién soy? —era una voz juvenil levemente burlona.

—No.

—¿No me conoces?

Vidal pensó que se trataba de un idiota.

—No me doy cuenta.

—¿De verdad que no me conoces?

De un idiota recalcitrante.

—Perdona, tengo que colgar.

Y otra vez se vio obligado a una carrera de canguro hacia el cuarto de baño, doblado sobre sí mismo, con el rostro crispado como si le hubieran ensartado las tripas con un rastrillo. ¡El agua, el agua de Lot,

el agua de Mosácula! gritaba, al tiempo que ahoga-
ba un estertor que le subía a la boca un sabor a mercurio o plomo, algo muy capaz de resquebrajarle
para siempre las entrañas. El teléfono volvió a sonar. Vidal temblaba sobre el inodoro. Los escalo-
fríos le pasaban de los hombros a la cadera y de la
cadera a los hombros. El teléfono insistía. Por fin
pudo incorporarse y lo tomó de nuevo. Era la misma voz.

—Soy el subcomisario Malo. Espero que no me
cuelgue otra vez —ahora le trataba de usted—.
¿Dónde ha estado estos días de atrás?

Vidal no pudo remediarlo. Fue como si un puño
con una espátula le hubiera cortado las tripas para
aplastárselas contra la pared del rotor; todo giraba
otra vez, y lo hacía a un ritmo de ladridos de perro,
ladridos que además le herían como dentelladas.

—Perdone, perdone subcomisario.

—¡No me cuelgues otra vez! —le gritaron desde el
otro lado del hilo, ahora de nuevo tuteándole—. ¡A
mí no me cuelgues, jodido! ¿Quién te has creído que
eres?

—Es que no puedo remediarlo, subcomisario, que
me estoy yendo por arriba y por abajo. Perdóneme,
por favor, lo siento... Es el andancio, es el andancio...

Y, sin voluntad de hacerlo, porque había querido
dejar el teléfono sobre el velador, lo colgó otra vez.
Se apresuró pasillo adelante hasta el cuarto de
baño. Gritaba: ¡El andancio, el andancio! Como antes había gritado: ¡El agua de Mosácula! Y anoche:
¡Dios, Dios! Gritos que eran casi una consigna, un
acicate a su valor, como el vocerío de una tropa que
sale de la trinchera para asaltar las posiciones ene-
migas; ¡aaaaahhhhh!

Sonó una vez más el teléfono. Era Laura.

—¿Cómo estás, cagoncito mío?

—Jodido.

—Si no mejoras es culpa tuya. ¿Quieres que te lleve las pastillas de que te hablé?

—Tráemelas, sí, porque me estoy yendo hasta por los oídos.

—Pobrecito, mío: mi cagoncito. Iré a hacerte un arroz. ¿Con quién hablabas? Estabas comunicando.

—Malo. Le he colgado dos veces por un apretón. No sabes cómo se ha puesto.

—Ah, por cierto, te ha llamado aquí también: Malo y don Enrique. Dos veces cada uno, por lo menos. ¿Te han dicho algo del niño?

—Eso no puede ser, ya te lo he dicho. Estuve en Lot con Tonchi y me hubiera hablado del niño. ¿Tú sabes algo?

—¿Yo? Nada. Y Tonchi creo que menos. Está con los espeleólogos. ¿No has oído las noticias? Los vascos han salido por un pequeño agujero en un extremo de la montaña. Y, cuando les han dicho que había dentro dos equipos de rescate, han vuelto a entrar. Ahora están perdidos todos otra vez. Son más de veinte las personas que están dentro. Parece que atravesaron un río o una laguna subterránea que posteriormente se desbordó y les ha dejado a todos incomunicados. Sólo han encontrado una cuerda...

—Yo he tirado de ella. ¡Menuda chifladura!

—Tonchi está allí con una ambulancia dispuesta. Eso dice la radio. Por lo visto dos de los vascos son primos suyos...

—Como no esté en otra entrada... Yo no vi ninguna ambulancia.

—Bueno. A las tres en punto salgo de aquí. Te hago el arroz y si estás bueno nos echamos una siesta... ¿vale?

—Te espero.

Colgó el teléfono y comenzó a sonar de inmediato. Era Malo.

—¿Es que no quieres hablar conmigo? —de nuevo el tuteo.

—No es eso; estoy malo. Tengo un andancio terrible o algo peor. No puedo estar cinco minutos sin ir al cuarto de baño.

—¿Y por qué lo has dejado descolgado?

—No lo he dejado descolgado. También llaman otras personas.

—¿Quién te ha llamado?

—¡Bueno! ¿No cree que eso es cosa mía?

—¡Ah! ¿Lo quieres por la de malas? Pues, si lo quieres por la de malas, aquí estoy yo: Gonzalo Malo Malvido.

—Mire, subcomisario; no deseo cortarle, pero no controlo mis intestinos. Dígame cuanto antes lo que tenga que decirme y no me lo tome a mal.

—Ahora te lo digo. Ahora mismo te lo digo. ¿Es tuyo un BMW nuevo con la matrícula en AA?

—Sí.

—¿Dónde está? ¿Dónde lo tienes?

—Se lo dejé a alguien el lunes y no me lo han devuelto todavía.

—Se lo dejaste a alguien el lunes ¿eh? y hace una semana... ¿a quién se lo dejaste hace una semana?

—¿Hace una semana?

—Hace una semana.

—A nadie. Lo tenía yo.

—Lo tenías tú.

Vidal nada dijo. El subcomisario callaba también; luego preguntó:

—¿Conoces a un niño que se llama Julio Suárez?

—Creo que sé quién es.

—Está en coma. Lleva más de cuarenta y ocho horas en coma.

—¡No, por Dios! Si estaba bien cuando le llevé al hospital.

—¿Por qué no vino a la comisaría a dar parte?

De nuevo le trataba de usted.

—Yo no lo atropellé. Fue una moto que se dio a la fuga.

—¿Vas a venirme con esas?

Un sudor frío volvió a inundar la frente de Vidal, una gelatina heladora... y en el bajo vientre varios perros se enfrentaban a mordiscos...

—Perdone, subcomisario...

—¡No me cuelgues otra vez!

—¡No puedo, subcomisario, joder...!

—¡Por los clavos de Cristo! ¡A mí no me cuelgues otra vez! Te voy a traer aquí por las orejas.

—Lo siento, subcomisario, de verdad, tengo que dejarle. Adiós.

—¡Te voy a aplicar la ley antiterrorista!

Era una falsa alarma. Sintió arcadas y retortijones pero no fue capaz de devolver ni de hacer de vientre. Temblaba. Fue a su dormitorio. Subió la persiana y abrió la ventana. El sol reverberaba en las espaldas de cal del edificio que se alzaba frente a su casa más allá del tejado de uralita del Garaje Elpidio. Respiró hondo. Lo hizo varias veces. La vista se le nubló un instante pero en seguida sintió como si un fuerte chorro de agua limpiara de telarañas los forros de su cuerpo.

Varios gatos tomaban el sol o retozaban aquí y allá sobre la uralita recalentada del garaje. Contó dieciocho: había cuatro muy pequeños. El mes pasado había contado también dieciocho y no había ninguno pequeño. ¿Es que habían muerto cuatro de los mayores? ¿Quién controlaba el número de la colonia?

Abrió de par en par las ventanas y procuró que entrara el aire en la habitación. Sacudió las sábanas y decidió echarlas a lavar. Quería eliminar los vestigios de la mala noche pasada. Volvió a sonar el teléfono. Lo dejó. Contó las llamadas: una, dos... así hasta veinte, veintiuna, veintidós...

Fue al cuarto de baño, se despojó del pijama y se afeitó. Luego, con la cara limpia, con mucho mejor aspecto, se duchó. Mientras estaba bajo el agua creyó oír todavía el timbre del teléfono. Salió de la ducha y se secó muy despacio. Ya no sonaba el teléfono. Se aplicó desodorante y una colonia para después del afeitado. Tenía una sequedad en el estómago como la del horno que no combustiona porque se ha quedado sin aire; pero estaba mejor.

Con la toalla enrollada a la cintura volvió a su dormitorio, se puso los calzoncillos y tendió la toalla en la ventana, se puso unos vaqueros y una camisa gris con dos bolsillos y una trabilla en cada hombro, se calzó unas sandalias y, ya vestido, buscó sábanas limpias y las colocó, bien alisadas, sobre la cama. La perspectiva de una siesta con Laura, después de tantos días, le excitaba; tanto, que por primera vez en, por lo menos, los últimos treinta días se había olvidado de Blanca Mosácula.

Fue a la cocina y abrió la nevera y de la botella de agua bebió a gollete un larguísimo trago. Sintió cómo el líquido corría por el interior de su cuerpo y otra vez fue ganado por una sensación reconfortadora. Sonó el teléfono. Lo descolgó con desagrado, esperando oír al subcomisario Malo. Pero no era él.

—¡Don Enrique! ¿Cómo está usted?

Don Enrique parecía tener prisa.

—No debiste informar del cierre del matadero sin consultarme —le reprochó, cortante.

—Perdone, don Enrique pero se lo dije a usted.

—Hablabas de cerrarlo. Pero aún no lo tenías decidido. El asunto es más grave de lo que creíamos. Te he buscado para advertirte y no te he encontrado. Ahora es tarde... Ese tipo de cosas debes de consultármelas antes.

—Pero...

—Ya lo verás. Los Mosácula son mucho peores de lo que tú y yo pensamos.

—Pues le voy a cerrar la embotelladora de Lot. He bebido agua de unas muestras que traje y casi me enveneno. Llevo doce horas sin salir del cuarto de baño.

—No te precipites. Este Mosácula es capaz de hacer que te destituyan.

—¿Ah, sí? Quizá es lo que estoy deseando... ¡He estado con Raúl!

—¿Con Raúl?

—Raúl Fernández Valbuena. Me ha dado muchos recuerdos para usted. Está haciendo un trabajo de investigación sobre sexualidad animal de lo más interesante...

—¡Ah, Raúl Fernández! Bueno, su campo es la sexualidad... ¿no?

—Llaman a la puerta de la calle, don Enrique.

—Bueno, bueno, adiós. Y no te precipites. Hablemos antes. Espero que no tengas que arrepentirte de lo que has hecho ya.

Vidal colgó. Notó desafecto en las palabras de don Enrique, más que eso: la frialdad de una advertencia, como si se lavara las manos tras haberle anunciado una amenaza próxima. El timbre sonó otra vez y Vidal salió de su ensimismamiento. Abrió la puerta. Era Laura. Lo apartó de un empujón, entró en la casa y cerró con rapidez. Estaba muy agitada.

—Subía un señor muy raro detrás de mí. Un mendigo o un tipo de los semáforos, con una pata de palo... Mira, escucha cómo golpea contra los peldaños...

Laura acercó su oído a la puerta. Vidal hizo lo mismo. Pero nada oyeron. Él se separó de la madera y la miró. Ella seguía forzando el escorzo, con el pecho y el perfil de su cara pegados a la puerta. Llevaba un vestido crema con minifalda, cuyo vuelo hacia atrás, debido a su postura arqueada, se levantaba graciosa y tentadoramente como la repolluda cola de una paloma o de una gallina. Estaba hermosísima.

Laura se rindió. Se separó de la puerta. Se besaron. Un beso profundo.

—Estás buenísimo.

Ella notó algo sobre su falda y bajó la mano al pantalón de él.

—¡Pero cómo estás macho!

—Es el andancio —dijo Vidal.

—¡Qué andancio tan estupendo!

Laura se soltó de sus brazos y corrió por el pasillo.

—Hay que abrirlo todo, que se ventile la casa, venga, que voy a preparar un arroz blanco. Tengo dos horas, antes de que salgan las niñas de la guardería. Nos tiene que dar tiempo a todo.

—Yo ya he abierto la ventana del dormitorio.

—¡Abre todas las ventanas de la casa! ¡Que se vayan los miasmas...! ¡Venga, venga! ¡Rápido!

Mientras ella trasteaba en la cocina y arrancaba de alacenas y armarios música de hogar, ese resonar de cacerolas tan efímero y prometedor en casa de Vidal como la presencia de una estrella del espectáculo en un escenario de provincias, él abría las ventanas y subía las persianas que daban a la avenida de Roma, las de la rotonda, las de la habitación que había sido de sus padres y las del comedor.

Y ya recorría otra vez la U del pasillo que unía, de un extremo a otro de la casa, la puerta de entrada con la cocina y la despensa, cuando tropezó con Laura, que venía de poner a hervir el arroz y, como si hubieran caído en un bache, entraron en su alcoba.

Las palomas zureaban en el resol sobre los ventanucos de la pared enjalbegada. Vidal corrió la cortina. Ella le desabrochó el cinturón. Él le desabotonó el vestido. Y de sus cuerpos comenzaron a salir las prendas como las burbujas del agua. El sujetador, la camisa, las bragas, los calzoncillos. Todo lo dejaban sobre la silla; él, a un lado; ella, a otro; deprisa, deprisa, muy deprisa. Ya desnudos, se tumbaron en la cama y se abrazaron. Laura tenía los pechos firmes y redondos. Vidal dijo: son melocotones. Hicieron el amor, deprisa, deprisa, como locos. Laura gritó:

—¡El arroz!

Desnuda corrió a la cocina.

—¡Se ha quemado!

Él gritó desde la cama:

—Ponte algo, que te ven los vecinos.

158

Ella dejó el cazo a un lado, tomó la toalla de la ventana del dormitorio y se la enrolló en el cuerpo.

—¿Tienes otro cazo?

Buscó entre los cacharros y cogió una olla. Vidal, que, mientras tanto, también se había levantado, se había puesto los calzoncillos y trataba de echar el arroz quemado, que se había pegado al cazo, a la basura. Luego puso el cazo bajo un chorro de agua en el fregadero y se afanó en lavarlo. Se sintió débil y volvió a la cama.

Laura apareció en la puerta y dejó que la toalla se deslizara por su cuerpo hasta el suelo. Sonreía. Dijo:

—Hoy si que te he notado dentro.

El sofoco del calor de la cocina, la cercanía de la llama, había aumentado la condición tentadora de su cuerpo, como el brillo del pan recién salido del horno.

—¿Cuánto hacía? —preguntó.

Vidal tendió los brazos hacia ella. Entonces sintió una arcada.

—Perdona —dijo. Saltó de la cama y entró en el cuarto de baño. Con las manos en los bordes del lavabo esperó en vano. Sintió un estertor, dos, pero nada pasó.

—Pobrecillo, pobrecillo —decía ella, acariciándole el culo—. Mi cagoncito.

—Me he pasado la noche así. Ha sido horrible. Ahora estoy mucho mejor.

—Laura le escrutó. Observó sus ojeras, su palidez, algo en lo que no había reparado antes. Entonces se acordó del arroz. Se volvió a enrollar la toalla, corrió a la cocina y lo retiró de la llama. Picó unos ajos, puso una cazuela al fuego, los rehogó en aceite y echó el arroz.

159

—Vidal, cariño —llamó—: ¿quieres un huevo?

—No —dijo él.

Laura se frió uno para ella. Luego puso los platos y los cubiertos en la mesa de mármol de la cocina y se dispusieron a comer.

—¿Pongo vino?, ¿un tinto? —preguntó Vidal, que, sin esperar respuesta, entró en la despensa y cogió una botella—: No me hará mal —dijo—: necesito que me suba la tensión.

Descorchó la botella y sirvió dos vasos. Laura bebió un sorbito y mojó un trozo de pan en el huevo. Vidal comía muy lentamente. Ella acabó en seguida. Bebió otro sorbito. Llevó los cacharros sucios y su plato al fregadero y los fregó. Volvió a sentarse. Vidal seguía comiendo.

Laura le dijo:

—Dime la verdad ¿eh? ¿Me vas a decir la verdad?

Vidal, que tragaba el arroz con dificultad, tuvo la impresión de que esas palabras iban a romper en dos el día.

—¿Cuántas veces te has acostado con María Dalia?

Vidal movió la cabeza asombrado.

—Dímelo, que no me enfado, ¿cuántas veces?

—¿A qué viene eso?

Laura se levantó, retiró el plato de Vidal y lo llevó al fregadero.

—No la podía ver, con ese aspecto de puta de lujo. Pero tiene un corazón de oro. Me cae muy bien. —dijo mientras lo lavaba—. No sé, es como esas actrices o cantantes folclóricas sin cultura que no saben hablar ni estar en los sitios, pero que se las ve así sin dobleces...

—No todas...

160

Laura lo miró en silencio. Fue al dormitorio y se vistió. Volvió a la cocina.

—Bueno ¿qué? ¿Me lo dices o no me lo dices?

—¿Pero a qué viene eso? —protestó Vidal, que volvía a sentirse mal.

—Ya te lo he dicho. Me cae muy bien María Dalia.

—¿Y qué?

—¿Y qué? Que estoy harta de que me utilices ¿entiendes? —dijo Laura en un grito.

—¿Qué te pasa ahora?

—¡No me pasa nada! Sólo que aquí estoy yo para hacerte la comida y fregarte los platos y para que, si llega el caso, me jodas cuando te dé la gana. O sea, para que vengas a mi cama cuando tú quieras. Porque, cuando no vas a mi cama, vas a la cama que a ti te apetece más.

—¿A qué viene eso? ¡Por Dios, Laura!

Vidal, porque Laura había dejado de mirarle con simpatía, se sentía humillado y ridículo en calzoncillos. Fue al dormitorio y se vistió los pantalones. No le pareció suficiente y se puso también la camisa y las sandalias. Cuando salió al pasillo, ella seguía de pie en ademán de marcharse.

—Bueno, di algo, que te gusta mucho estar callado mientras los demás hablan.

—¿Qué quieres que te diga?

—Como no me lo quieres decir me voy, que tengo que buscar a las niñas.

—¿Te vas porque no te lo digo o te vas porque tienes que ir a buscar a las niñas?

—¡No seas machista!

—Pero ¿qué quieres que te diga?

—Tú sabrás —dijo Laura y empezó a andar. Entonces pareció que de súbito recordaba un montón

161

de agravios que tenían forma de pregunta—: ¿Cuánto hace que no estás normal conmigo? ¿Cuántas noches hace que no vienes a mi casa? ¿Qué has hecho estos días fuera de la oficina? ¿Con quién has estado? ¿Crees que soy tonta, que soy una esclava, a la que se recurre cuando ya no tienes ni fuerzas para tenerte en pie?

Vidal abría los brazos con gesto de impotencia, casi de dolor. Y antes de decir lo que dijo ya se había arrepentido.

—Me ha pasado algo raro. Escucha. No sé si serán los cuarenta años que voy a cumplir pero de repente se me ha echado encima todo lo de atrás: el colegio, los amigos, mis veinte años. Te reirás de mí pero si no he ido a tu casa ha sido por escrúpulos, quizá infantiles, idiotas... pero no quería engañarte...

Laura lo miró indignadísima, con los ojos desmesuradamente abiertos como si hubiera confesado la autoría de un crimen horrible.

—¿Engañarme?

Vidal estaba muy cansado otra vez. Necesitaba volver a la cama.

—No se cómo decírtelo.

Laura callaba, un silencio duro, que parecía regodearse en el atribulado estado de Vidal.

—Tú sabes lo mucho que estuve enamorado de Blanca Mosácula... Ella desapareció un día de la ciudad... embarazada. Tenía dieciséis años.

—¿Embarazada de quién?

—No lo sé. Aunque lo sospecho —siguió diciendo él.

—¿Y qué? ¿Qué pasa con eso de traicionarme?

—Es una idiotez. Lo sé. Pero de repente, un día,

cuando empecé estos líos con el hermano, me vino su recuerdo con tal fuerza que otra vez me sentí enamorado de ella, enamorado con la misma fuerza de entonces, un amor de aquellos... puro, no sé, platónico, un amor a distancia. Y la he llevado así dentro de mí a todas horas, en todo momento y lugar... Por eso no quería ir a tu casa, Laura, no quería verte ni en la oficina.

Laura respiraba agitadamente.

—¿Y la niña?, ¿qué hacías con la niña en Lot? ¿Por qué le has dejado tu coche? ¿Por qué no me has dicho que era la hija de tu Blanca? Quién sabe si no es hija tuya también. ¿Es que yo no tengo derecho a saberlo?

Vidal no salía de su asombro.

—¿La niña?

—La hija de Blanca, la hija de tu amor, sí, la que está haciendo una película sobre el Rey Bueno... ¿qué hacías con ella en Lot?

Vidal había empalidecido.

—¿La hija de Blanquita?

—No me digas que no lo sabías.

—¿Estás segura? Si me dijo Raúl que estaba allí para acostarse con el tonto, si el tonto... ¡Por Dios!

Laura había ido de la cocina al recibidor y volvía ahora a la cocina, caminaba aprisa, a grandes zancadas, Vidal, detrás de ella, mudo y pálido, casi desfalleciente...

—Pero mujer...

Laura encontró al fin lo que buscaba, su bolso, estaba en el pasillo sobre la vieja máquina de coser de la difunta madre de Vidal, lo cogió, deshizo otra vez el camino y abrió la puerta de la calle, del todo, como si fueran a salir ella y dos más, gritó ¡adiós!

y dio un portazo enorme que hizo vibrar paredes y cuadros.

Vidal se detuvo, bajó la cabeza y cerró los puños. Poco a poco giró sobre sí mismo y caminó hacia la alcoba. Tenía una pesadumbre enfermiza. Le parecía que Laura tenía razón. Y es que seguía pensando en Blanca. Se tumbó en la cama y cerró los ojos. Blanca, Blanca, Blanca. ¿Cómo no he reconocido en ti a tu hija? Creyó que las lágrimas se le escapaban y abrió los ojos. Se dio la vuelta y se abrazó a la almohada. Cerró otra vez los ojos. Las ropas de la cama guardaban la fragancia del cuerpo de Laura. Sintió que se adormecía y que, al hacerlo, entraba en el cuerpo de Laura, como en una nube, una nube de aromas y ternura. No supo cuánto tiempo pasó así. Le pareció, sin embargo, que había cerrado los ojos y de inmediato había oído el timbre de la puerta. Sonrió. Soñaba. No soñaba con Blanca, sino con Laura que volvía. Pero el timbre sonaba de verdad, insistentemente. Abrió los ojos. Se levantó. Sabía que era Laura. ¡Dios! Otra vez tenía deseos de abrazarla. Corrió hacia la puerta.

—¡Voy, voy, cariño, voy! —gritó.

Pero no era Laura. Reconoció al hombre de la pata de palo en seguida, antes de que hubiera acabado de abrir la puerta, y lo reconoció como lo que era: un hacedor de muertes. Y, por eso mismo, por haberlo reconocido de inmediato, pensó que podía estar en la cama todavía en medio de una pesadilla y se quedó mirando al hombre, a los ojos del hombre, como dicen que mira el ratón a la serpiente. Venía alguien más, sin embargo. Por lo menos dos personas más, según recordaría más tarde. Una, la que estaba oculta en un costado de la puerta, había asomado la cabeza frente a él como burlándose; la otra una muchacha joven y gruesa, que se mantenía detrás del hombre, unos escalones más abajo, en una vuelta de la escalera, y tenía una voz desagradable.

—¿Es éste el hijo de puta que nos ha puesto en la calle? —dijo.

Vidal abrió la boca pero no fue capaz de decir nada. El hombre de la pata de palo pareció que iniciaba unos pasos de baile al tiempo que tarareaba una canción:

—Mon que te pon, pon que te mon —dijo, y llevó sus brazos atrás con la maza bien cogida entre las manos.

—Mon que te pon, pon que te mon.

Vidal pensó que si cerraba la puerta de un rápido portazo lograría despertarse. Oyó el impacto de los cerrojos encastrándose y sintió sobre sus manos, a través de la madera, el golpe terrible de la maza, un golpe, que aún sin herirle, le aturdió; se apoyó contra la puerta, una puerta de roble maciza y gruesa, como antes había estado apoyada Laura, y sintió un nuevo golpe, mucho más cercano y terrible... hizo ademán de abrir los ojos que ya tenía, sin embargo, abiertos y su respiración comenzó a ser jadeante.

Empezó a sonar otra vez el teléfono. Contó las llamadas, una, dos... Sabía que no estaba bien porque tenía el temor absurdo de que si lo descolgaba sería atacado desde él. Nada se oía ahora al otro lado de la puerta. Nueve, diez... Se dirigió al salón y miró por el balcón. En la plaza circular, a unos cien metros de su portal, algunas personas se amontonaban en la esquina, llevaban extraños objetos en las manos. Entonces oyó los portazos de un coche y un brusco acelerón, el coche salía bajo su balcón, iba hacia Alonso de Guzmán, un BMW de dos puertas, el suyo, a través de la ventanilla postrera vio el mango de una maza. Veintidós, veintitrés... Descolgó el teléfono. Era Marcelino, el delegado de Sanidad de la Junta, su jefe. Ni le saludó.

—¡Vidal; otro cierre, no! No podemos permitirnos destruir las pocas industrias importantes que tenemos en la Comunidad. El informe sobre la embotelladora lo he roto. Ya está bien con haber cerrado todas las instalaciones de Mosácula en la ciudad. ¿Es que tienes algo personal contra él? El cierre ha puesto en la calle a no sé cuantas personas y habrá que esperar a que pase el temporal... ¿Me oyes, Vidal?... ¡A ver! ¿Estás ahí?

Vidal se esforzaba para responder con normalidad.

—Pero ¿qué pasa? Estoy más que harto de todo. Si no se cierra la embotelladora, yo dimito —dijo al fin.

—Muy bien, pues, tú dimites... ¿algo más?

—Sí. Han querido matarme. Eran gente de Mosácula.

—¡No jodas! ¿Cuándo? ¿Cómo? Hay una manifestación en contra nuestra por el cierre. Ahora los he visto pasar por la plaza circular. Creo que van hasta tu casa, pero de eso a querer matarte... Oye, quizá sea bueno que llames a la policía... Cuelga, tú, que yo llamo...

A Vidal se le había ido el andancio; y no por efecto de las pastillas que le había traído Laura y que luego, con su precipitada despedida, había vuelto a llevarse. Pero sentía una sequedad abrasadora en la boca y en el estómago, como si se hubiera bebido la noche antes un río de coñac; también, un fortísimo dolor que le nacía en la nuca y le aplastaba las sienes.

Cuando oyó el vocerío en la calle ya sabía de qué se trataba. Le habían robado el coche o, al menos, lo estaban usando sin su consentimiento; y eso, y no el intento de aplastarle la cabeza, le lastimaba hasta el punto de devolverle la lucidez, y hasta la lozanía, como si se hubiera puesto otra vez bajo la ducha. Se acercó al balcón. Los manifestantes no eran muchos, menos de cien personas, entre hombres, mujeres y algún que otro niño. Vestían monos y batas, cubrían sus cabezas con pañuelos y gorros, calzaban botas de goma; pero la suciedad de sus ropas blancas, salpicadas de oscuros manchones, mostraba con crudeza la condición exasperada de su oficio: se trataba de gentes acostumbradas a la sangre, a acuchillar seres vivos y a descuartizarlos; y allí estaban, bajo su balcón, como sacados de la imaginería medieval, con ganchos, mazas, palos y rastrillos que enarbolaban al ritmo de sus gritos: «¡Menos inspectores, más trabajadores!», «¡Ni cierres, ni despidos!», «¡Soluciones, sí; inspecciones, no!», «¡Ocampo, capullo, "El Paramés" no es tuyo!»; constituían una procesión agresiva y rencorosa que había puesto su voluntad y su razón de ser en la ferocidad de sus voces y de sus gestos.

Llevaban también pancartas con dibujos alusivos, en los que Vidal aparecía como un cerdo cuyos colmillos se hincaban en la barriga de un niño, que representaba a los hijos de los trabajadores de «El Paramés». Mientras gritaban, levantaban el puño hacia el balcón y alguno arrojó una piedra que no llegó más allá de la segunda planta, pero que hizo que Vidal se apartara; era como un linchamiento, algo que sólo había experimentado en el cine, que nunca pensó pudiera él llegar a vivir y precisamente como víctima. Antes de retirarse le pareció ver al matarife de la pata de palo, el que había lanzado la maza contra su cabeza, el mismo que creía haber visto dentro de su propio coche...

Y ahora sí sabía que no se trataba de una pesadilla. Sentía su cuerpo, sus magulladuras y dolores, su ardor, lo sentía de modo inequívoco, recordaba lo que había hecho ayer y anteayer, recordaba quién era y cómo se llamaba... lo recordaba todo, también su obsesión amorosa de adolescente cuando, porque no había crecido lo suficiente, a él, que ahora medía más de uno ochenta, le llamaban Botijo, un botijo enamorado de una esfinge que paseaba dos veces al día su rostro de madona por la calle del Rey Bueno...

Llamaron a la puerta y sintió miedo.

—¿Quién es? —preguntó sin apenas voz.

—¡Policía! —dijeron de modo abrupto al otro lado.

No le importaba abrir la puerta a la policía, es más, lo deseaba. Pero ¿no sería una treta del matarife para, ahora sí, aplastarle la cabeza con la maza? Y si no abría ¿no podía tomarse su actitud como de resistencia a la autoridad?

—¿Quién es? —preguntó otra vez.

—El subcomisario Malo —contestaron del otro lado.

Vidal abrió la puerta. A Malo le flanqueaban dos policías nacionales que le sacaban la cabeza. Le dijo afectuoso:

—¡Qué lío has armado, Vidal!

—Esto es de locos.

—No lo sabes tú bien. Anda, vente conmigo. Creo que donde mejor vas a estar esta noche es en la comisaría. Si estos no te pueden ver —hizo un impreciso y desganado ademán—, fíjate lo que será el padre de Julito... está en Bélgica con el camión. Cuando vuelva —y a lo peor llega esta misma noche—, no se lo que puede pasar. ¿Estás listo?

—¿Adónde quiere llevarme? Yo no atropellé al muchacho.

—A la comisaría, hombre. ¿Cómo protegerte si no? Allí estarás más tranquilo que aquí. Anda, vámonos.

Antes de cerrar Vidal advirtió que no llevaba las llaves de casa.

—Un momento.

Volvió a entrar y esta vez entró Malo con él. Las llaves estaban sobre el arcón del vestíbulo. Vidal las cogió, cerró la puerta por fuera y le dio cuatro giros a la llave. Vio entonces que la placa antiquísima del Sagrado Corazón que su madre había colocado en la puerta, con la leyenda «Dios bendiga cada rincón de esta casa», estaba abollada; tenía el esmalte desconchado, desprendidos dos de los cuatro clavos que la sujetaban. Vidal no era religioso pero quitarla le había parecido siempre como quemar una foto de su madre.

—¡Han querido matarme!

Malo parecía divertido.

—Menudo lío que has armado —dijo.

Bajaron al portal. Allí había más policías nacionales.

—¡Venga, al coche con él! —dijo Malo.

Lo sacaron del portal y, con él casi en volandas, atravesaron un ruidoso pasillo de individuos que parecían vistos a través de un espejo deformante: los rostros congestionados, las manos regordetas y torcidas, los pechos abultados, las axilas sudorosas. Su actitud no difería mucho de la de quienes participan en uno de esos crueles festejos de borrachos en que se trata de golpear con saña a un animal hasta verlo caer rendido. Le gritaron:

—¡Sinvergüenza!, ¡fascista!, ¡atropellaniños!

Ya en el coche, Vidal tenía una palidez de cadáver, pero Malo estaba a sus anchas. Otra vez dijo:

—Menudo lío que has armado.

IX. El poeta Zarandona

El poeta Zarandona cruzó, con la pipa en la boca y un vaso de whisky en la mano, el amplísimo salón. De su boca salía un humo blanco y limpio que se arracimaba en vigorosas y aromáticas volutas de botafumeiro. Las maderas crujieron a su paso. Luego, el silencio, un rumor obsesivo capaz de reventarle las sienes; y la soledad, ese vacío que se dilataba hasta romperse en motas que fluían por las rendijas de luz.

El poeta Zarandona apartó con el brazo el pesado cortinón de terciopelo rojo y un haz de luz dorada invadió la penumbra . Allí empezaba, al otro lado de los cristales, en esa plaza del Ángel Caído, simbólico nombre para la primera piedra del plan de ensanche, la ciudad nueva. ¡Y cuántas reflexiones vinieron a su mente en ese momento!

No fue Gaudí el único, ni siquiera el primero, que tuvo el sueño de levantar allí un castillo de hadas. También Arístides Roland, el belga que vino a trabajar con la Compañía General de Minas, atormentaba su cabeza con un relámpago de piedra nórdica, que no le dio reposo hasta que fue capaz de arrojarlo fuera de sí, en la casa llamada, desde el primer día y para siempre, de Roland, la única que se alzó durante mucho tiempo al otro lado del río.

Allí Blanca Pérez Ansa había vivido su muerte en vida, sin que el aire y el sol de la ciudad tocaran su piel. Porque nunca, desde aquel catorce de julio de mil novecientos cuarenta y no se sabe cuántos, había vuelto a salir a la calle; y quizá, de no ser hoy catorce de julio, tampoco saldría; un catorce de julio necio, nublado, nada caluroso; lo que, con ser infrecuente, no era raro en aquellas altas tierras, entre la montaña y el páramo.

¿Quién entonces ha agitado los dados del destino para que señalen esta fecha —la de la toma de La Bastilla; la de la huida y, según asegura Anselmo, el de La Charca, la de la muerte de Chacho— como la de la apertura de la exposición?

Él no la ha elegido, el alcalde tampoco, ha surgido espontánea, al contar los días necesarios para repintar las paredes, revisar las lámparas, recomponer las balaustradas y los mamperlanes, fijar y enlucir las escaleras, cepillar y barnizar las tarimas, instalar las estructuras metálicas que mitigasen la excesiva altura de los techos, más de diez metros en el salón principal, de las que poder colgar los focos, los paneles y los cuadros.

El destino es un ente burlón y misterioso, que mora en lo infinito, detrás y por encima del sol; el destino hace que lluevan estrellas en la noche y que se esparzan por el cielo como saliendo de una regadera inmensa; el destino, valiente cosa...

172

El destino es también un murciélago que se escon-
de tras los cortinones y que vuela a ciegas golpeán-
dose contra las paredes.

El destino ama los peligros, que trae y lleva; él da
la vida y la quita; y él se divierte en esa rebatiña de
riesgos y venturas, por eso lo pintan con melena
de mujer y ojos vendados; le llaman veleidosa fortuna, pero es el destino también...

Blanca Pérez Ansa no había vuelto a ver la calle
desde aquel catorce de julio del año cuarenta y uno
o cuarenta y dos o cuarenta y tres... un año en que
los alemanes aún estaban a las puertas de Moscú,
aunque ya sabían que jamás se abrirían para ellos;
un año en que ya habían vuelto los voluntarios de la
División Azul; ya había vuelto, con los primeros,
don Enrique; entonces un joven alto, pálido y hermoso, como todos los jóvenes que se entregan a una
idea; y había vuelto el licenciado Miralles y tantos y
tantos otros que acabaron sus carreras y ocuparon
sus cátedras y negocios y llegaron a ser gente importante, muy importante.

Y la prisión de San Marcos estaba llena, el noble
edificio, que el poeta clásico había medido con sus
huesos, acogía —quizá sería más apropiado decir
retenía, o tal vez contenía, o guardaba, o encerraba
o comprimía— a cientos de jóvenes, de otros jóvenes
altos, también; pálidos, también; hermosos, también; pero sin la idea, desnudos de la idea, huérfanos
de la idea, despojados de la idea, abandonados de la
idea... y por lo tanto sucios, malolientes, desagradables... así poco a poco o mucho a mucho, que eso
dependía de la gula de los responsables de cada día,
más exactamente, de cada noche, se daba suelta a
la basura almacenada, se expulsaba una parte de la

mercancía, se la trasladaba, aun con las articulaciones animadas y palpitantes, hacia las tapias de un camposanto, del camposanto de Puente Cautivo, qué nombre espléndido, bajo cuyos ojos debiera correr la barca de Caronte; la luz sería hermosa, como sólo pueden serlo las luces nocturnas, un cendal lácteo que hace de la carne siluetas con brillo a las que apuntan los fusiles y en las que entran las balas y de las que sale la sangre, una sangre mate, negra, una sombra que se desparrama, la sombra que todos ocultamos dentro, el diablo nocturnal que nos devora y que los fusiles expulsan con ansias de exorcismo..., así la fábrica de jóvenes llena cada noche los almacenes de la muerte, mientras cada día la ciudad conoce la ascensión y triunfo de otros jóvenes que han sabido rectificar a tiempo...

¿Qué es poesía? ¿Y tú me lo preguntas? Poesía eres tú.

A sus espaldas oyó pasos y el sonido de los interruptores de la luz.

—Gracias —decía Vanesa Marcenado al ordenanza que los había pulsado.

—Será la primera en ver la exposición, señorita —dijo el ordenanza.

El poeta Zarandona soltó el cortinón y se volvió. Las luces disiparon las tinieblas como si se hubiera abierto uno de esos artilugios que imitan el cuerpo humano en las clases de anatomía y quedaran a la vista todos los colores que el cuerpo oculta, los del corazón y las venas, la sangre azul y la sangre roja, los músculos... entonces el cuerpo es mucho más grande, es inmenso, es un mundo, un almacén capaz de guardar el universo. Así era el edificio Satué.

Todos los retratos de La Charca, fechados del 31 al

36, parecían flotar en el aire del salón. Los cortinones rojos daban calor a los apuntes blancos como la sangre presta color al rostro. Pero muy poco era lo que aquello recordaba a los museos, esos baúles donde el arte languidece; menos, a la efímera condición de las exposiciones. Lo que allí se exhibía estaba dotado de un sello de propiedad y permanencia, como los retablos y los iconos policromados de las iglesias, cuya datación no sólo resulta intemporal, sino que parece no requerir otras presencias. Se exponían además algunos objetos de la época, calendarios, revistas, pertenencias alusivas, encendedores de bolsillo, aparatos de radio y un balón de fútbol.

—Salud —dijo Vanesa.

Se dieron un beso en cada mejilla para lo que el poeta Zarandona apartó la pipa de sus labios.

—¡Vienes guapísima! —exclamó.

Vanesa tenía la melena rubia y ondulada y ésa era la prenda con la que mejor se vestía; a veces con la única que sabía vestirse bien. Llevaba zapatos planos acharolados, una falda de terciopelo negra y una blusa de seda blanca con escote de barco. Vanesa, tan alta como Zarandona, levantó los brazos y giró sobre sí misma. Voló la falda y sus piernas brillaron como abedules en la noche, llevando los ojos de Zarandona hacia el fogonazo de la braga.

—Quiero ver la exposición en seguida. Estoy esperando a Joao que pasa hoy para Portugal, llegará de un momento a otro y quiero estar con él todo el tiempo. El alcalde lo sabe. ¡Enséñamela! ¡Es tu obra!

El poeta Zarandona aspiró su cachimba y arrugó la frente.

—Es mi obra, sí. Una obra casi religiosa. Porque ¿qué soy yo?, ¿qué somos nosotros, los escritores, para los gobernantes agnósticos? ¿Nunca te lo has preguntado? Yo te lo diré: somos su Iglesia. Nosotros les damos las bendiciones, bautizamos sus acciones y santificamos sus obras.

Vanesa preguntó:

—¿Crees que vendrá Blanca Pérez Ansa? Me han contado cosas increíbles de ella. Me han dicho que tiene un libro de poesías precioso: poemas del corazón abierto. ¿Tú la conoces? A mí me encantaría conocerla. Yo nunca la he visto.

Vanesa movía las piernas nerviosa; Zarandona, por el contrario, parecía una estatua de piedra. Lo había explicado Einstein, la quietud de Zarandona duraba una vida entera, los movimientos nerviosos de Vanesa se contaban como parpadeos. Sin desarrugar la frente, envuelto en humo, giró su brazo señalando a las paredes. Poco a poco fue tirando de la soga que sacaba sus palabras de lo más hondo de sí mismo, palabras que rebosaban el viejo caldero de su boca y que caían casi a golpes dejando un manchón de humedad a su alrededor.

—Los poetas hacemos también milagros y reconversiones —dijo y añadió en seguida—: reconversiones industriales, de nuestra propia industria: la palabra. El Verbo se hizo carne y habitó entre nosotros. Aquí están los padres de la patria, nuestros padres de la patria.

—¿Quiénes están?

—Todos los que son. Y alguno de los que fue. ¿Me explico? No faltan, claro, el gobernador y el alcalde, fusilados ambos por los azules, ni otros menos conocidos mártires. Porque lo que aquí está es el 14 de abril ¿entiendes?: Un tiempo de esperanza en el que todavía, y sobre todo hoy, nos miramos. El instante de más alta ilusión que conocieron los siglos pasados y conocerán los venideros, una fecha que cayó al suelo como cae a veces alguno de estos retratos para señalar una muerte. Están Fernando Fernández y Alberto Quiroga, dos jóvenes apuestos, que murieron en el Ebro, está Arturo Matallana, que murió en Madrid, en la Moncloa como Durruti, está Eligio Florez, muerto en Málaga... Uno estudiaba medicina, otro farmacia, otro derecho, Eligio, nada... dicen que era poeta.

—¿Conoces algo suyo?

—No —y volvió a aspirar la cachimba y volvió a lanzar el cubo hacia las profundidades de su ser, cuyas cotas parecía medir con las arrugas de su frente.

—¿Quién ha hecho la selección?

Pero el poeta Zarandona había cerrado ya los ojos y lo que ahora sacaba por su boca obedecía a un impulso anterior.

—Está también Anselmo, el propietario de La Charca, también dibujado por Miramamonín. También están los Fajardo, dos primos que murieron combatiendo en la aviación de Franco, hay quien quería que los dejáramos fuera, pero yo me he negado. Tú sabes que los dos querían ser dentistas... ¡dentistas! Es difícil imaginar a un dentista como piloto voluntario de aviación, aunque fuera de la aviación franquista. No lo entiendo. Los he puesto allá arriba, lo más cerca del cielo posible. Creo que se lo merecen. Y también está don Enrique, aquí mismo, en esta sala que es como el palomar de La Charca, ahí está, otro Miramamonín... ¿lo ves?

Y el poeta Zarandona la tomó de la mano y se la apretó.

—¿Lo ves? Y ahí están los doce que son trece contando a Chacho, como los doce apóstoles eran trece contando a Cristo; todos Miramamonines, menos el del licenciado Miralles —no el de Carmina Miralles, que sí lo es— y el de Orencio Mosácula... Miramamonín conocía a las personas, no sólo cuando las retrataba, también cuando no las retrataba...

—¿Y de quién son entonces?

—¡Ah!, son imitación de Miramamonín. Son encargos. Ni siquiera nos los ha hecho Pastrana que es quien ahora dibuja en La Charca. No. Nos los ha hecho un copista de Madrid. Así nos las gastamos nosotros. Que ¿por qué? Porque hay que reponer lo que se ha perdido. Pero ¿y si no se ha perdido? Y ¿si nunca existió? ¿Ves? Ésta es la reconversión que los políticos encargan a los poetas o la que los poetas se hacen encargar de los políticos, tanto me da que me da lo mismo.

Vanesa desprendió su mano de la mano húmeda de Zarandona y se volvió. Movió la melena. Una vaharada de perfume atravesó la barrera de humo y penetró en las narices de Zarandona, que tuvo la impresión de haberse asomado a la puerta de un serrallo. Vació su vaso de un trago y llamó a voces al ordenanza.

—¿Quieres un whisky? —preguntó a Vanesa—. Tenemos una caja de doce años para las autoridades.

El ordenanza les trajo una bandeja con dos vasos llenos.

—¿Por qué «Retratos de ambigú» y no «Retratos de La Charca»? —preguntó Vanesa.

178

—Más apropiado sería «Retratos de La Charca».
Y a mí me gustaba. Pero el alcalde lo prohibió. Tiene
la palabra charca una connotación desagradable que
Polvorinos ha querido evitar. Para colmo «Retratos
de La Charca» es el título de la novela que Jaime
Gutiérrez está escribiendo en Tierra del Fuego. No
vamos a hacerle propaganda nosotros. Y, por otra
parte, Chacho trabajaba en el ambigú del Teatro
Principal y todo esto en buena medida gira en torno
suyo. Ambigú es además una palabra hermosísima.
Procede del francés y equivale a ambiguo. ¿Hay algo
más ambiguo que lo que estos retratos representan?

Vanesa alzó su vaso hasta tocar el de Zarandona.

—Por los retratos de ambigú —dijo.

—Por el 14 de abril— dijo Zarandona.

Bebieron un trago.

—Me encanta —dijo Vanesa, tenía una intensa
alegría de hembra enamorada. Sus ojos brillaban—:
Me encantan estos salones. ¡Qué grandes! ¡Qué bonitos! ¿Cómo han podido estar vacíos durante tantos
años? No hay nada igual en la ciudad. ¡Con estas
lámparas y estos cortinones! Por esa puerta podía
entrar Escarlata O'Hara. Y aquí se bailaba y aquí se
tomaba el café y aquí se jugaba y aquí se hacía de
todo...

—Sí, así es. Aquí se reunía la burguesía, porque
los otros, no sé cómo llamarlos, ¿cómo llamarías a
don Enrique, a Orencio Mosácula, al mismo Chacho?, ¿intelectuales?, ¿progresistas? Pues esos y
otros más, que también están aquí, se reunían en La
Charca, en el Húmedo, con el pueblo...

—¿Entonces no venía aquí Blanca Pérez Ansa?

—Supongo que sí. Porque los había que iban a los
dos sitios, claro. Como don Enrique, por ejemplo,

179

que tenía un sillón aquí y otro allí, como Mosácula y como los Miralles. Así que vendría, claro que vendría y recitaría poemas en voz alta y la aplaudirían. Porque aquí también se vivía el espíritu del catorce de abril...

—¿Crees que vendrá hoy?

—El reclamo está puesto. Y es el reclamo del macho, que no está autorizado por la ley.

Vanesa movió la melena y el poeta Zarandona dio otro gran sorbo al vaso de whisky. Vanesa tenía una boca muy grande por la que asomaban unos dientes también muy grandes y blanquísimos. Aspiró su perfume y la miró con descaro. Comprendía que los musulmanes cubriesen la boca de sus mujeres. Porque a él, la de Vanesa, por su tamaño, o su forma, o por las dos cosas juntas, le producía una impresión de desnudez, una desnudez que le excitaba.

La tomó del hombro y la llevó frente a los retratos de Chacho. Eran cinco: tres de Miramamonín, uno de Cimadevilla y otro de Pedrín Corrida. Un foco sin haces los iluminaba desde una estructura metálica rectangular que colgaba del altísimo techo a sólo unos tres metros del suelo. Vanesa se acercó. El poeta Zarandona bebió otro trago y acabó con el whisky del vaso.

—¿Has visto?

Los retratos de Miramamonín eran casi idénticos. En todos un pañuelo cubría la frente de Chacho y su mirada no salía de ellos, como si el artista se hubiera negado a prolongarla más allá del plano, como si hubiera querido protegerla, evitando que sufriera daños en otra dimensión; así, la de Chacho no era una mirada perdida, jamás sobrepasaba el ámbito del papel ni se acercaba a sus contempladores; allí nacía y allí moría. Pero eso precisamente le daba una extraña fuerza, de la que carecían los otros retratos, más muertos, como si el deseo de escapar de su medio les hubiera restado vida.

—¡Qué guapo era! —exclamó Vanesa.

Miraba ahora el de Pedrín Corrida en el que un Chacho de cuerpo entero se acuclillaba sobre un balón que apenas rozaba con la punta de los dedos.

—¡Qué ojos!

—Todo el mundo lo dice.

—¿Has dicho algo de un reclamo para que venga Blanca Pérez Ansa?

El poeta Zarandona asintió regocijado. Parecía decirse en silencio: eso son cosas mías. Dijo:

—Eso son cosas mías —luego bebió otro largo trago.

—Tú sabes cosas —dijo Vanesa.

—Cosas de caza. Y si hay suerte hoy cobraremos pieza. Si la herida es mortal la perdiz se recoge moviendo las alas lentamente hasta que cae. Si la herida es en el ala la perdiz da vueltas en el aire y se remonta más todavía hasta caer en masa.

—Cuéntame. Me gusta este hombre.

Zarandona llamó al ordenanza para que les sirviera más whisky.

—¿Sabías que las mujeres ya son sacerdotisas en la Iglesia anglicana? —preguntó.

—Pueden ser hasta obispos. ¿Cómo se diría obispos u obispas?

—Obispas. Ummmm. Pero para ser obispas, habría que tener aguijón. Y el aguijón es propiedad exclusiva de los obispos.

Vanesa rió. Bebió un trago y subió al estrado donde se exhibían los cinco retratos de Chacho.

—¿Y eso que es? —dijo.

Señalaba varios mostradores con diversos objetos entre los que sobresalía un atril que contenía un folio con varias firmas.

Pero el poeta Zarandona seguía ensimismado.

—Hay palabras que quizá son una conquista del feminismo pero que a mí me ponen cachondo perdido. Una en especial: sacerdotisa. Me suena igual que poetisa, que también me pone cachondo.

—¡No son ninguna conquista del feminismo!

—Me ponen cachondo perdido.

Vanesa miraba el atril. Volvió a preguntar.

—¿Qué es esto?

El poeta Zarandona avanzó entre el humo con la pipa entre los labios y la cabeza levantada. Puso la mano libre sobre el atril pero no lo tocó.

—Esto es —dijo— un documento importantísimo. Las firmas de los hombres buenos de esta ciudad que se atrevieron a apoyar, durante el reinado de Alfonso XIII, un manifiesto a favor de la República. Comuneros del siglo XX. Como ves es el palomar al completo, incluso los primos Fajardo, los dentistas, que murieron en la aviación franquista, y Orencio Mosácula y don Enrique y, por supuesto, Chacho, aquí le ves, el primero...

—¿Y esto?

—Esto es la voz de la perdiz macho.

Sobre un cojín de terciopelo se exhibía una medalla con el escudo de España y las inscripciones Ejército de la República y Medalla del Valor, orladas por una corona de laurel.

—¿Qué es?

—La medalla del valor de la República. La máxima condecoración militar de la República. La ganó el difunto Orencio Mosácula, ¿qué te parece? Es una noticia topo, oculta durante cuarenta años y dada a conocer por su hijo Ezequiel mucho después de la muerte de Franco...

Vanesa Marcenado volvió a acercarse a los retratos de Chacho.

—Tú sabes cosas. Anda cuéntame. Me gusta mucho este hombre.

El ordenanza les interrumpió. Entró acompañado de dos personas, un joven y un hombre mayor vestido con un traje de rayas negro, con chaleco, reloj de cadena y boina. Era muy fornido aunque bajo.

El poeta Zarandona saludó al joven llamándole Sanyo y les invitó a un vaso de whisky. Sólo aceptó el joven, que se sirvió un dedo y se lo bebió de un trago.

—Éste es don Jesús, de quien te hablé, es de Vegamián la villa sumergida. Ha venido desde Villafranca —dijo.

—¿Será capaz?

—A la primera —aseguró Sanyo—: ha sido mi maestro.

—Bueno, ¿cuánto quiere usted? —preguntó Zarandona.

—Siempre cobro lo mismo en la ciudad: mil pesetas.

—Hecho.

Don Jesús alargó la mano.

Zarandona se la estrechó.

Don Jesús siguió con la mano extendida.

—Por adelantado.

A Zarandona le pareció ridículo.

—¿Y si falla?

—Adiós —dijo el hombre.

Zarandona sonreía pero estaba molesto. Sanyo salió detrás del hombre. Le pedía disculpas. Le cogía de la manga para que se quedara, mientras lanzaba miradas recriminadoras hacia Zarandona.

—Tenga, tenga —Zarandona había sacado un billete de mil pesetas y caminaba tras ellos.

El hombre se detuvo, cogió el billete y se lo guardó en una billetera que ceñia con dos gomas.

Zarandona le miraba entre molesto y asombrado.

—¿Puedo preguntarle cómo lo va hacer?

—De un solo intento. Si fallo le devuelvo los emolumentos.

—No quiero que me devuelva los *emolumentos*. Sólo que me gustaría que lo lograra antes de que abramos las puertas al público.

—Eso mayormente no depende de mí. Porque yo no voy al nido, yo voy al vuelo. Si el bicho asoma eso está hecho. Y si fallo le devuelvo los emolumentos.

—No me devuelva nada. Pero es fundamental que no caiga ningún retrato, si no sería peor el remedio que la enfermedad. No lo olvide: no puede caer ningún retrato. Usted es aquí lo más importante. Si cae algún retrato nos los retiran todos y no me pregunte por qué.

—Yo lo sé —dijo don Jesús.

—¿Usted lo sabe?

—¡Son los retratos de La Charca! —aseveró el hombre, que añadió—: No se pueden caer. Si alguno se cae es hombre muerto.

—Eso dicen, sí. ¿Dónde quiere usted ponerse?

—¿Por dónde sale el bicho?

El ordenanza le indicó que salía cada día de un sitio, que la última vez lo habían visto surgir de entre los cortinones de la izquierda, a la altura de la salas de juego; habían desmontado los cortinones, los habían desplegado en el suelo y nada habían encontrado; al día siguiente había vuelto a salir, recorría de un vuelo el salón y se lanzaba, luego, a un loco y ciego revoloteo que ponía en peligro la estabilidad de los cuadros.

—Me quedo allí, entonces —y señaló la esquina al pie del cortinón, al lado de un macetero de escayola.

Caminó muy despacio, muy tranquilo, con algo más que aplomo, casi con majestad. Se dio la vuelta, se quitó la gorra y se quedó quieto, tanto que al poco de mirar hacia él, parecía que ya no estaba allí.

Sanyo se despidió. Tenía que salir para Almería en avioneta. Trabajaba al tiempo en la película sobre el Rey Bueno y en una de tuaregs que se rodaba en Almería. Allí había aportado los camellos, aquí la cabra silbadora que Mothamid le había regalado al Rey Bueno.

Gaspar Zarandona miró a Vanesa divertido. Se encogió de hombros.

—¿Qué es? —preguntó Vanesa.

—Un murciélago. No hemos sido capaces de cogerlo y, si nos tira un retrato, Anselmo nos retira la exposición. Así figura en contrato.

—Y este don Jesús ¿qué es?

Zarandona miró al rincón y no vio nada, como si una marea de sombras hubiese atravesado el cuerpo de don Jesús.

—Un especialista en la caza del murciélago.

Vanesa fijó sus ojos en la esquina y sólo vio obstinación, una espesa obstinación que le dio miedo.

—Me da miedo —dijo.

El poeta Zarandona ordenó que apagaran las luces. Bebieron otro trago y caminaron por el salón en penumbra.

—Cuéntame lo que sabes, anda —suplicó Vanesa.

—Es una historia rocambolesca. La del hombre del corazón cerrado y el hombre del corazón abierto. ¿No adivinas?

—¡...Chacho es el hombre del corazón abierto! ¿Por qué no está ella entre los retratos?

—Imposible. El tuyo fue el primer retrato femenino de La Charca. Antes las mujeres ni siquiera entraban.

—¿Y el hombre del corazón cerrado? ¡Su marido! ¡Orencio Mosácula!

—¿Quién va a ser sino?

—¡Qué historia! ¿Has leído tú ese poema? El poema del hombre del corazón abierto...

El poeta Zarandona negó con la cabeza.

—Pero hay más.

—¿Más?

—Claro: la medalla del valor. ¿Quién crees que la ganó?

—¡El hombre del corazón abierto!

—Claro.

—¿Pero por qué se le atribuye a Orencio Mosácula?

—Muy fácil: cuando estalló la guerra Chacho se pasó a Asturias para combatir al lado de la República. Orencio y Blanca estaban en Ribadesella de veraneo, en un chalet del padre de ella. Orencio, que por entonces ya era bastante más derechista que Gil Robles, se presentó, no obstante, voluntario a la milicia. Pretendía evitar ser investigado. Y ese fue su mayor acto de valor. Quizá así libró a sus suegros y a su mujer de muchas tribulaciones. Orencio y Chacho coincidieron en la misma unidad. Un día pidieron gente para entrar en Oviedo. El reclutamiento, cuando no había voluntariado suficiente, se hacía sin contemplaciones; a uno le mandaban ir y tenía que ir. Esa noche el nombre de Orencio Mosácula fue leído entre los voluntarios para la acción del día siguiente. Cualquiera sabe lo que pasó. El miedo terrible que debió de consumir a Orencio. Pudo suplicar a Chacho que tomase su lugar o pudo ser el propio Chacho quien, compadecido, decidiese tomarlo. Porque, por lo que sabemos, Chacho era un hombre... iba a decir valiente, pero era más que eso, si el miedo fuese comparable al vértigo, Chacho igual caminaba por el pretil de un puente, a cincuenta metros del suelo, que se levantaba ante el fuego graneado de los fusiles y el estallido de las bombas de mano. Por eso, lo más probable es que Chacho decidiera tomar el nombre de Orencio y entrar en Oviedo al día siguiente. Así lo hizo. Iban treinta hombres; a todos dieron por muertos. Por eso Blanca Pérez Ansa recibió la comunicación de la muerte de su marido; esa fue la primera comunicación, la oficial. Porque hubo todavía otra.

—¿Y la medalla del valor?

—Chacho no murió entonces. Abriéndose paso con sus bombas de mano logró abatir un nido de ametralladoras enemigo. Tomó una de ellas entre sus brazos y la arrastraba hacia su posición cuando la explosión de un obús le arrojó a una zanja; allí pasó diez días, abrazado a la ametralladora, bebiendo agua de un charco, hasta que, cuando bajó el nivel, quedó al descubierto el cadáver de un mulo. Ya no fue capaz de beber. Pero entonces los suyos, una nueva avanzadilla de los suyos, lo rescataron. Recobró la conciencia y supo que su unidad había sido trasladada al monte Mazurco, una posición que conquistaban los franquistas durante el día, apoyados por la aviación alemana, y recuperaban de noche los republicanos. Allí se dio por muerto a Mosácula, que por entonces usaba el nombre de Chacho, o sea, Juan Ignacio Prada. Y es que era imposible reconocer a los cadáveres. Los cerdos caminaban sueltos entre las alambradas, en la zona de nadie, y era muy frecuente que arrancaran a mordiscos las orejas, las narices, los labios de los cadáveres. No sólo no se les podía reconocer sino que daba horror mirarlos. Chacho conoció entonces a Blanca Pérez Ansa. La buscó, en su primer permiso, para decirle que ahora sí era viuda y no antes... Ésta fue la segunda comunicación, también errónea.

—Y se enamoraron.

—Supongo. Porque tuvieron un hijo.

—¿Un hijo?

—Ha vivido escondido en Lot; prisionero, mejor. Es oligofrénico. Allí le llaman el tonto del Castillo. Es el hermano mayor de Ezequiel y de Blanca Mosácula. Su hermanastro.

—¿Y qué pasó con Orencio Mosácula? No pudo morir entonces.

—No, claro. No murió entonces. Se hizo el muerto en la tierra de nadie del Mazurco, aun a riesgo de que lo comieran los cerdos y se pasó al otro lado. Él estaba con los franquistas.

—Así que la República concedió la medalla del valor a un hombre que se había pasado a los franquistas.

—Exacto. Sólo que quien la había ganado sí estaba con los republicanos.

—¿Quién os ha dejado la medalla para la exposición?

—¿No te lo imaginas? A mí me la ha dado el alcalde.

—¿Y a él?

—Ezequiel Mosácula. Por eso yo personalmente me he encargado de hacer llegar una invitación y un catálogo de la exposición a Blanca Pérez Ansa.

—¿Y don Enrique, qué pinta en todo esto? Porque don Enrique siempre tiene que ver con todo.

—Todavía no lo sé. Pero algo tiene que ver, sin duda. Primero su sobrino se opuso al viaje de la delegación municipal a la Argentina para entregarle la medalla a Chacho; sin embargo, luego se ha quedado en Tierra del Fuego y lo ha hecho en contra de la voluntad de todos, porque está poniendo en riesgo la alcaldía. Sin su voto, la moción de censura triunfa y Polvorinos sale. Yo creo que don Enrique está detrás de todo.

Oyeron entonces un rumor confuso que procedía de la planta baja, agitación de sillas y puertas, tal el revuelo de la guardia que forma cuando entra el coronel. Luego, silencio, un silencio expectante y en seguida el resonar lentísimo de un bastón y unos pasos fatigados sobre los escalones de madera. Vanesa y el poeta Zarandona se miraron. Sabían de qué se trataba, o, mejor, sabían de quién se trataba.

El ordenanza abrió la puerta con un amago de reverencia como si fuera un servidor del palacio real y entró Blanca Pérez Ansa. Era altísima, más que Vanesa Marcenado, más que el poeta Zarandona. Vestía de blanco, un vestido de dos piezas, holgado, muy suelto y muy largo, como una túnica de dominico, llevaba un amplísimo paño de gasa sobre la cabeza que orlaba su cara y envolvía su cuello para caer luego en esponjados pliegues sobre los hombros; su palidez de máscara, su blancura nívea sólo se rompía por dos coloretes marcadísimos, dos tomates de payaso, en las mejillas. Todas las cosas tienen un principio y un final, se dijo el poeta Zarandona.

Blanca Pérez Ansa caminaba sin titubeos, el cuerpo más que recto, estirado, tal una vela o un fantasma. Conocía de sobra el lugar, el crujido antiguo de sus maderas; había bailado muchas veces en él y, desde el estrado al que ahora se acercaba, había recitado sus mejores poemas...

Vanesa Marcenado, mucho más joven que el poeta Zarandona, tuvo, sin embargo, la conciencia exacta de que, ante ella, surgía a la superficie uno de los sueños más deslumbrantes de la ciudad, atrapado durante muchos años en el fondo abisal de sus desdichas. El poeta Zarandona la imaginó llegando a las puertas del Satué en el mismo Mercedes descubierto que la había traído cuando novia a la ciudad y deseó mirar por el balcón a la plaza del Ángel Caído, pero era incapaz de desprender sus ojos de ella.

Blanca Pérez Ansa pasó frente a los retratos de Chacho y vaciló, un segundo apenas; porque en seguida siguió su camino: los retratos no le pertenecían. Y Zarandona creyó reconocer en su decisión una aceptación: la de la crueldad del mundo, esa crueldad en la que el niño se integra cuando ha perdido la inocencia; por eso, bajo aquella máscara de afeites, creyó ver incluso un rictus de dureza, un rictus repulsivo, el pus del odio y del desprecio...

Blanca Pérez Ansa llegó al mostrador en el que, sobre un cojín de terciopelo rojo, se exhibía la medalla del valor y, sin vacilar, con una rapidez inusitada, la cogió. Ni alzó la cabeza, ni configuró desplante o desafío alguno, como no fuera el de seguir ignorándoles; inició el regreso, lo hizo con el mismo paso. El ordenanza se inclinó otra vez ante ella y pronto la oyeron bajar los escalones...

El poeta Zarandona y Vanesa Marcenado corrieron al balcón, pasaron al otro lado de los cortinones y abrieron el enorme ventanal. Desde el balcón la vieron venir por el centro de la acera; el gentío, que se cruzaba ante ella, se detenía y se apartaba, de modo que a su frente se iba abriendo un surco de sorpresa y susto, que se trasformaba a su espalda en una estela de rostros que se volvían, marcados por la incredulidad y el asombro. Blanca Pérez Ansa llegó a la parada de autobuses, que debió de tomar por la de coches de alquiler que había allí en su juventud, y se asomó al bordillo de la acera. Entonces, para hacer el gesto de llamada de un coche, levantó la mano que empuñaba el bastón, ¿por qué?, ¿acaso no necesitaba el bastón para guardar el equilibrio? El bastón alzado prolongaba su orgullo aunque menguaba su resistencia. Y cayó. Y el poeta Zarandona supo que ya no se levantaría. Cuando cae con fuerza, las alas extendidas o replegadas sin moverse de su sitio, es que se halla mortalmente herida en la cabeza. O en el corazón. Nadie se le acercó, porque el corro en torno a ella veía su desvanecimiento y caída como una representación de la que él no formaba parte. Vanesa se dio la vuelta y corrió a las escaleras de salida. El poeta Zarandona todavía creyó ver que los vestidos blancos y la gasa blanca se ahuecaban como si el cuerpo que antes cubrían se hubiera desvanecido entre ellos, como si hiciera ya mucho tiempo que no estuviera allí. Cerró los ojos y se retiró del balcón.

—¡Las luces! —grito a los ordenanzas, una vez dentro—: ¡Todas las luces!

El salón se iluminó. La exposición estaba a punto de inaugurarse. Los rojos, los caobas y los blancos restallaron. También don Jesús. Fue como el saetero que arroja una flecha a la torcaz. El murciélago ponía torpes y móviles borrones en los estucos cuando la boina negra de don Jesús lo derribó. Don Jesús corrió hacia el centro de la sala, se agachó y recogió la boina con su presa dentro.

—¿Alguna cosa más? —preguntó, aunque una espuma de orgullo matizaba la pretendida naturalidad de su voz.

Zarandona, sorprendido, casi asustado, muy pálido por todo lo que había ocurrido, le despidió sin palabras.

Don Jesús dijo entonces:

—Muy buenas tenga usted.

Y salió, ni deprisa, ni despacio. Don Jesús era un hombre muy mayor, mayor incluso que Blanca Pérez Ansa.

Zarandona se acercó al atril central y puso las manos sobre él. No pudo reprimirse. Dijo:

—*Sic transit gloria mundi.*

X. Vidal

Como el marino cuyo barco se hunde y ha de saltar por la borda para afrontar el naufragio, Vidal esperaba la presencia de la noche. Y la noche era más grande que el mar.

Malo no le había comunicado de modo oficial que estaba detenido y tampoco había intentado llevarle a los calabozos. Le había, eso sí, hecho firmar en el libro de entrada, le había despojado del cinturón y le había llevado directamente a esa salita. Le había dicho:

—Es el mejor sitio de la casa. Desde aquí se ve muy bien la jeta de la gente. A través de la luna de la puerta, que es un espejo en el otro lado, puedes guipar a los que suben. Y, en cambio, nadie puede verte a ti. Yo ahora, hasta que el comisario vuelva de vacaciones, ocupo su despacho en la planta de arriba.

El lugar, tan hospitalario y doméstico como una garita de portero, lo que quizá hubiera sido alguna vez, disponía de un alto tragaluz en la pared del fondo que parecía comunicar con las entrañas del edificio; olía a cocido y no tenía más muebles que un canapé enfundado de azul y amarillo, cuyos gruesos cojines, haciendo juego, se apoyaban en la pared para convertirlo en un sofá, y una mesa camilla con faldones de los mismos colores. Sólo faltaba el canario en una jaula.

Vidal accionó el picaporte y la puerta se abrió. El policía nacional, que se sentaba sobre un taburete con los brazos apoyados en las piernas, se volvió hacia él.

—No me han cerrado —dijo Vidal.

El policía nacional era un chico muy joven, de mirada decidida. Sonrió:

—No hace falta. ¿No cree?

La noche llegó en seguida. El teclear lejano de una máquina de escribir iba y venía como el golpear de los cascos de un caballo en el cine. Vidal tuvo que ir otra vez al cuarto de baño y el joven policía le acompañó al piso de arriba, a los servicios que usaban los propios policías. Alguien gritó, y luego, el silencio, como si ese alguien esperara en vano a oír el eco de su grito. El policía le dijo que los calabozos estaban atestados de *camellos* y *chorizos*.

Vidal se tumbó en el canapé sin descalzarse y cerró los ojos. El suyo era también el reposo del náufrago. El brillo de sus párpados y los temblores de su cuerpo le acosaban como una luna febril, cuya luz iba a ser testigo de sus trabajos por sobrevivir. Quería nadar pero desconfiaba de sus fuerzas y sabía que esa desconfianza era la causa principal, si no la única, de su falta de energías. El niño estaba en coma. No era una invención de Malo para amedrentarle. El niño estaba en coma y él no era capaz de

194

sentir la misma ternura que había sentido cuando lo llevaba en brazos por los corredores del hospital. Saberse inocente mitigaba su pena. Y cuando las desagradables estampas del hospital inundaban su mente, no lo hacían a través del niño, sino del Riberano... del Riberano y de don Enrique. Porque la llamada telefónica de don Enrique, el tono insólito de su voz, tan cortante y despegado, le había dejado un poso dentro, muy activo, del que luego, como de una materia putrefacta, había brotado el resplandor de un fuego fatuo capaz de extenderse por los rincones más rastreros de su memoria. Estudiaban la enfermedad de un cánido y don Enrique, rodeado de sus alumnos preferidos, entre los que se contaba él, capturó una mosca y le cortó una a una sus extremidades, primero un ala, luego otra, luego cada una de sus patas. «Así ha muerto el Riberano, —dijo— ese individuo que prepara salchichas picantes en el Húmedo...» Vidal se alzó sobre sí mismo con un sobresalto. Recordaba todo con extrema nitidez: los ojos acuosos de don Enrique, su sonrisa maliciosa. Sintió un rechazo tan intenso como el amante que ve a su amada en postura de lascivia con otro hombre.

El paso de un camión dejó una larga estela de trepidaciones. En seguida llegó a sus oídos la música lejana de una radio. La máquina de escribir había dejado de teclear. Alguien gritó otra vez, un grito, aislado, escueto, como el solo parpadeo del faro en medio de la noche. Vidal sudaba. Se descalzó. Quería dormir pero le parecía que seguía nadando sobre la mar negra con las luces de la costa al fondo, tan cercanas como inalcanzables; y temía que si se dormía no llegaría jamás a ellas.

El alba y su frescor le acogieron exhausto. Y se durmió. Antes, como cuando muy niño su madre le acompañaba cada noche en el rezo de las tres avemarías salvadoras, tuvo una visión, vio a Blanca Mosácula, una Blanca de ojos miradores, que soñaban despiertos la ciudad, asomados a la ventanilla del *Pelines*...

Se despertó muy tarde y con hambre. Estaba mejor. Pero siguió tumbado, ajeno a la hora. Y pronto el rumor de una conversación comenzó a anegarle.

—Estar soltero, en estos casos, es una ventaja. —Oyó que decía alguien, al otro lado de la puerta—: Mira que yo quiero a mi madre, que si me la tocan tiro de pistola y soy capaz de cualquier cosa... Pero lo peor son los chicos, los huérfanos, esas bocas que hay que alimentar.

Y sintió una gran tibieza como si se hallara en medio de una corriente de agua cálida.

—Si lo que digo yo —objetó otra voz— es que no se cómo se puede llegar a esto. ¿Por qué tiene que morir un hombre honrado para sacar a otro de una cueva? Si el que entró en la cueva, entró en la cueva porque quiso, que nadie le obligó a entrar... Otra cosa es que vayas voluntario. A ver ¿quién quiere entrar a por estos lunáticos que están perdidos en esta cueva? Yo, yo, y este y el otro y el de más allá... ¡Eso es otra cosa! Ahí al que Dios se la de que San Pedro se la bendiga. Pero no se porqué tiene que entrar a una cueva nadie que no quiera entrar, sólo porque sea policía o guardia civil o lo que sea.

El agua era fría ahora.

—Eso yo no te lo discuto —dijo la primera voz, que parecía corresponder a un hombre más joven—: el que entró primero, entró porque le dio la gana.

196

Pero para sacarlos está el Estado ¿no? De lo contrario no habría progreso, Florentino.

Y el frío acabó por despejarle. Se levantó, se puso los zapatos y abrió la puerta. Ahora eran dos los policías nacionales que hacían guardia frente a su garita. Eran los que hablaban. Ocupaban un taburete cada uno, a los costados de la puerta que dominaba la entrada principal; se inclinaban el uno hacia el otro como si tuvieran un fuego entre ellos en el que se calentaran las palmas de las manos. Les dio los buenos días y les pidió permiso para ir al lavabo. Uno de ellos le acompañó. Cuando regresó, cerró la puerta y volvió a tumbarse. Los policías siguieron la conversación.

—Para la cueva de Lot poco valen los helicópteros o las lanchas neumáticas. Allí quienes entraron le echaron lo que hay que echarle... ¿entiendes? Porque el jefe de puesto de Lot y ese pobre guardia qué sabían...

—Les ayudaron equipos de espeleólogos de aquí y de...

—Y digo yo: ¿esos qué sabían? ¿Por qué no le dijeron al número que no se metiera en ese agujero, que le iba a pillar la inundación?

Un estruendo creciente que venía del exterior les interrumpió; pronto atravesó la línea del portal, tan ruidoso y fugaz como el tren que cruza con gran zarandeo de hierros un puente metálico.

—¡Hijos de puta! —dijo el de más edad, que, tras una pausa, añadió—: ¿Sabes que venden coca también?

El más joven volvió atrás en la conversación.

—Vinieron también espeleólogos de Cataluña, de Galicia y de Cantabria... Pero los primeros en salir fueron los vascos, a los que todo el mundo daba por perdidos.

—¿Sabes una cosa?: yo los hubiera dejado dentro. Anda que se jodieran.

—¡Si salieron por su cuenta! —exclamó el más joven, que añadió—: Sólo que, cuando se enteraron de la cantidad de gente que había entrado para rescatarles y que todavía estaba dentro, entraron otra vez. Entonces sí que se armó. Llegó a haber más de treinta personas perdidas en la cueva...

—Yo los hubiera dejado dentro a todos. Anda que se jodan.

—No se puede hacer eso, hombre. Así no se progresa.

—¿Y cómo se progresa?, ¿enterrándose en una cueva?

—Seguro. Eso ayuda a los científicos. Hay gente que ha vivido meses en una cueva así. Una mujer francesa ha estado, creo, seis meses a más de cien metros de profundidad.

—¡Menuda lunática!

—Eso es Europa. ¿Por qué crees que estamos sino en el Mercado Común? Así se sabe lo que resiste el cuerpo humano y luego se pueden enviar naves tripuladas a los planetas y todo eso.

—Digo lo mismo. Valiente cosa. Con la de privaciones que hay en el mundo.

—Según tú seguiríamos con el taparrabos puesto.

El policía de más edad rió. Pero hablaba cada vez más alto.

—¡Qué se gana con las cuevas esas, no me digas! Si todavía buscaran oro o alguna cosa de provecho... pero entrar allí para darse un paseo y que luego tengan que entrar otros hombres a rescatarles...

198

es, es... bueno, no hay derecho, coño; no pueden morir las personas honradas porque haya lunáticos en el mundo.

—¿Tú no crees que sería bueno tener en la Guardia Civil o la Policía Nacional un cuerpo de espeleólogos capaz de rescatar a esta gente?

—¿Un cuerpo de espeleólogos nuestro? Nosotros ya tenemos a los Geos, que mira tú por donde a mí me suenan casi a lo mismo. Aunque no dejo de reconocer que ésos son otra cosa, ¿eh?

—Pues eso debiéramos de tener aquí. Un cuerpo de especialistas a nivel europeo, el mejor que haya. ¿Y de dónde lo sacaríamos? Pues de esta gente, de estos que entran por las cuevas y las exploran por afición...

—Coño, chaval. Eso es como darse un martillazo en la cabeza para poder tomar una aspirina. O sea que, según tú, estos lunáticos indeliberantes realizan una buena labor porque así podrían formar parte de un cuerpo especial formado por ellos mismos para rescatarse a ellos mismos cuando ellos mismos se perdieran en las cuevas...

El policía joven rió. Su voz sonó benevolente.

—Tiene que haber de todo Florentino.

—No, si no está mal. Por lo menos ellos se lo guisarían y ellos se lo comerían y nos dejarían en paz a la gente honrada.

Vidal, que se había incorporado, vio, a través de la luna de la puerta, cómo el policía más joven se levantaba. Alguien entraba desde la calle. Era una señora que quería hacer una denuncia. Vidal no podía verla porque no había cruzado la segunda puerta. La señora, cuya voz parecía corresponder a una persona joven, contó que había bajado a comprar la leche para el desayuno y, cuando volvió a casa, se encontró con la puerta reventada, los niños llorando, y todos los cajones volcados. La señora dijo que era divorciada y que vivía sola con dos hijos pequeños. Como Laura, pensó Vidal. No tenía joyas. Sólo la pulsera de pedida y unos pendientes de oro; se lo habían llevado todo. Pero su temor eran los niños, el susto de los niños... El policía más joven la acompañó al piso de arriba. Vidal abrió la puerta y preguntó por los atrapados en la cueva de Lot:

—Han salido todos con vida. Es decir, todos los que entraron voluntariamente —dijo el policía mayor, el llamado Florentino—. Porque el rescate ha costado lo suyo. Hay tres heridos y ninguno es de esa gente. Uno está muy grave, un número de la guardia civil de Lot. Está asfixiado. Se quedó empotrado en un agujero más de tres horas y el agujero se llenó de barro. Los médicos dicen que hoy la diña seguro.

En ese momento entró un joven al que le habían robado el coche; luego una señora mayor que vendía quesos en el mercado, a la que durante la noche habían desvalijado la tienda; y así fueron llegando muchas personas, quince, veinte, tal vez más; unas, a hacer una nueva denuncia; otras, a interesarse por los resultados de la que habían hecho días pasados; en seguida se formó una cola que iba a lo largo de la escalera desde la primera planta hasta la puerta de la calle.

Vidal paseaba por la garita en torno a la mesa camilla; a veces, cuando creía reconocer algún rostro al otro lado del cristal, se paraba. Pero en seguida volvía a moverse; y por primera vez tuvo clara conciencia de su situación de detenido. Entonces vio al abogado Longinos Gilsanz; lo vio abrirse paso entre la gente; salvar el descansillo al que se abría la garita; cruzarlo hacia el piso superior, decidido y resuelto; echar una mirada de soslayo al espejo de la puerta, no más duradera que un guiño... Pero, suficiente: Vidal ya sabía que Longinos sabía.

Dos horas más tarde Longinos entró en la garita. Llevaba su gran cartera de ministro en la mano izquierda. Movía la otra como si pasara las cuentas de un rosario.

—¿Qué tal, Vidal? Me ha dicho Malo que no has hablado con ningún abogado. Si tú quieres aquí estoy yo. Y gratis para ti.

Vidal se levantó. Era mucho más alto que Longinos.

—¿Has comido ya?

Longinos era delgado pero recio, llevaba gafas oscuras, y tenía una barba negrísima de la que salían dos labios acuosos que enmarcaban una boca enorme, una boca de pez, que se abría en su cara como una herida. Longinos parecía desazonado.

Vidal negó con la cabeza. Longinos dijo:

—Vamos. Te invito aquí al lado. Tienen unas truchas de río increíbles.

—¿Puedo salir?

Longinos rió.

—Conmigo sí. He hablado con Malo. Luego te vuelvo a traer aquí y en paz. El problema es el juez. Hay un auto de arresto contra ti. En realidad tenías que estar ya en la prisión provincial. Es Malo el que te ha hecho el favor de retenerte aquí mientras hace las gestiones para encontrar tu coche. Cuanto más tarde vayas a la prisión provincial mejor para ti.

—Pero si no he hecho nada... —dijo Vidal—: Yo he

llevado al hospital a un niño que atropelló una moto.

Longinos llamó a uno de los policías nacionales, al llamado Florentino, que entró en la garita. Le dijo:

—Yo ahora me llevo a este señor a la cafetería de al lado. Ya he hablado con el subcomisario y está de acuerdo.

El policía asintió con la cabeza y miró a Vidal.

—Señor Longinos, yo no puedo dudar de usted —dijo— pero, por la buena marcha, me permite que suba a ver al subcomisario.

—Si, claro; pero rápido, rápido, Florentino.

Longinos movía las piernas nerviosamente. El policía no tardó en bajar. Y él mismo abrió la puerta de la garita para cederles el paso.

—Cuando gusten —les dijo, invitándoles a salir.

La cafetería, sólo unos metros más allá, en la misma calle, era amplísima. Situada en un semisótano, se accedía a ella descendiendo una ancha y reluciente escalera de mármol con balaustrada de madera a un lado y pasamanos a otro. Longinos consiguió una mesa apartada. Pidieron ensalada y truchas fritas. Longinos, después de mirar a un lado y a otro, volvió a ofrecerle sus servicios de abogado.

—Tengo que darte una explicación —dijo—: este Malo a veces no sabe comportarse. Me han contado que el otro día entró como un matón en la delegación de Sanidad. Espero que no se lo tengas en cuenta. Es licenciado en Derecho, después de no sé cuántos años de estudiar la carrera, y está empeñado en hacerse abogado y no me lo saco de mi despacho. Sé que anda diciendo por ahí que somos socios. Pero yo no puedo tener un socio como éste, además sería ilegal. A veces hace algo, sí, redacta una demanda, cualquier cosa... y así me lo quito de en medio. Pero socio... eso es mucho decir. O policía o abogado ¿no?

Vidal le miraba en silencio. Longinos volvió a mirar aquí y allá. Hizo un jeribeque ambiguo, se levantó y se apresuró hacia los lavabos.

Una gran barahúnda se produjo entonces y todas las cabezas se volvieron hacia la suntuosa escalera de mármol. Era como si los atónitos pasajeros de un barco siguieran con la vista la trayectoria del torpedo que les haría volar en pedazos. Un pelotón de diez o doce jóvenes patinadores con pantaloncitos cortos descendía con estrépito de carros de combate hacia el gran salón de la cafetería. Eran vendedores de pañuelos de papel. El encargado salió de detrás de la barra, gritaba:

—Me vais a destrozar las escaleras.

Los jóvenes se desplegaron a lo largo de la barra y entre las mesas, se paraban ante los parroquianos y ofrecían su mercancía.

El encargado, de chaqueta negra, corbata y pantalón a rayas, suplicaba:

—Por Dios, por Dios, aquí no.

Regresó Longinos, fortalecido y con la nariz enrojecida, como si se hubiera sonado con una tenaza; y se dispuso a comer.

—Malo le debe muchos favores a Mosácula —dijo— y por eso ha querido hacerte ver que no veía con buenos ojos el cierre de sus instalaciones. Pero ni siquiera se ha enterado bien de eso. ¿Tú crees que a Mosácula le preocupa el cierre de las instalaciones? No por Dios. A ti te lo puedo decir, una vez que tú has sabido cumplir con tu deber. Mosácula está más que harto de ese negocio. Habló con el alcalde y le pidió la recalificación de los terrenos. ¿Sabes cuántos metros son? Cerca de trescientos mil metros cuadrados en pleno casco urbano. Si se hace la recalificación ¿te imaginas lo que puede valer eso?: Miles de millones de pesetas. El compromiso de Mosácula es edificar una nueva planta fuera de la ciudad, una planta de tecnología puntera, con una inversión enorme, claro, que se llevaría un buen bocado de los beneficios de la recalificación, aunque, bueno, luego hay subvenciones a fondo perdido, financiaciones preferentes, etc.

—A mí todo eso no me interesa —dijo Vidal—: Yo únicamente tengo que velar porque se cumplan las normas sanitarias. Y en el caso de Mosácula su incumplimiento es escandaloso. No sólo en esta factoría, también en la de la montaña de Lot.

—Debieras de pensar mejor lo de la embotelladora —replicó Longinos—. Es uno de los buenos negocios de Mosácula, con una gran cifra de exportación a África.

—Hemos analizado el agua de doce botellas. Y es una vergüenza. Tienen de todo.

Longinos masticaba la lechuga como un insecto, con la cabeza baja. Pero no comía, o lo hacía muy despacio. Parecía una mosca cuyas reflexiones se hicieran al ritmo de la exploración de su trompa sobre la bandeja de ensalada.

—Hazme caso. No te precipites en tu decisión.

—Don Enrique me ha llamado con la misma canción. Ya no me puede pasar nada peor. Me han obligado a dimitir.

Longinos acabó de deglutir un trozo de tomate.

—¿Te han hecho dimitir? ¿Ya no eres inspector de sanidad?

—Creo que no. Creo que estoy en expectativa de destino.

Uno de los patinadores se plantó ante ellos con un brusco frenazo y les ofreció un paquetito de pañuelos de papel. Parecía quieto, pero se movía, lo hacía sobre un palmo de terreno haciendo girar los patines dispuestos en ángulo recto.

—Venga, joder, son veinte duros y la voluntad.

—Tenemos de todo —dijo Longinos.

El patinador insistía.

—Venga, joder, si no es nada, si son veinte duros.

Otro patinador se le acercó por detrás y le tomó del brazo.

—Vámonos Culi —le dijo, al tiempo que guiñaba el ojo a Longinos— que éstos tienen de todo.

Pero el encargado no le dejó seguir.

—Ya está bien. Ya está bien —le dijo cogiéndole del brazo a su vez.

El patinador se soltó de un empujón que dio con el encargado en el suelo.

—Quita, plasta —le dijo.

Luego a grandes zancadas, uno y otro, se alejaron del caído. Los demás patinadores buscaron también la salida. Uno de ellos tropezó en el primer escalón y se cayó al suelo.

—El culibajo se ha caído —gritó el que parecía el jefe.

Unos cuantos retrocedieron para ayudarle.

—Culi, arriba, Culi, vamos —le dijeron.

Le ayudaron a levantarse y remontaron las escaleras. Llevaban las bolsas de plástico llenas de pañuelos como el botín de un atraco.

Un parroquiano, que había ayudado al encargado a levantarse, comentó:

—Éstos sí que son *yuppies*.

Longinos, que parecía haber recuperado la calma en medio del desorden, preguntó:

—¿De qué hablábamos? —y él mismo se contestó— ¡Ah, sí, de don Enrique! ¿Conoces a su sobrino, a Jaime Gutiérrez, el concejal de Cultura?

Vidal asintió con la cabeza. Longinos añadió:

—Dicen que se ha quedado en la Argentina para escribir una novela. Ahora todo el mundo escribe novelas. Me han dicho que la escribe en un barco varado en Tierra del Fuego. Ya tiene el título y todo: «Retratos de La Charca». Eso es lo que dicen y eso es lo que se encarga de decir a todo el mundo su tío don Enrique.

—No tengo ni idea —dijo Vidal.

—Pero yo no me lo creo. No sé si me explico —y se le quedó mirando de modo retador—: No me lo creo —añadió.

Vidal había comido dos trozos de trucha y Longinos aún no había comenzado; sus dientes, sin embargo, de encías descarnadas, evocaban de modo casi exclusivo su condición de instrumentos para comer.

—¿Te han gustado? —le preguntó—. Con tanto pantano nuestras truchas se han ido al garete— dijo.

—Yo no tengo nada que ver con todo eso —dijo Vidal—: Y tampoco me interesa. Yo tengo mis propios problemas.

Longinos comenzó a pelar una trucha con parsimonia de niño inapetente. En seguida dejó los cubiertos sobre el plato.

—Estás en un lío muy gordo —dijo de repente—: muy gordo —y asintió con la cabeza, un movimiento muy leve casi imperceptible como de quien medita en soledad.

—Yo no lo atropellé. Espero que la policía encuentre al motorista y a los testigos.

—Ése es el problema, que la policía ha encontrado a dos señoras que en ese momento salían de la iglesia. Una asegura que te dio una de las playeras que el niño perdió cuando lo atropellaste.

—Yo no lo atropellé.

—Ése es el problema, que ella dice que sí.

—¡No puede ser!

—Ella no dice que vio cómo tú lo atropellaste. Dice que te vio, ya con el coche parado, y muy nervioso, cómo metías al niño en tu coche. Pero nada dice de una moto o de un motorista. Ni ella ni quien le acompañaba...

Vidal se alteraba. Longinos extendió la palma de la mano hacia él.

—Un momento —le dijo—: aquí nadie duda de ti. Además, en cualquier caso, tú hiciste lo que tenías que hacer: llevar al niño al hospital. El problema surge posteriormente, con tu desaparición y tus antecedentes. Hace dos años atropellaste también a una señora en Matallana. ¿O ya lo olvidaste?

—Me salió el coche, de espaldas, igual que el niño, era sorda.

—Lo que fuera. Estuvo gravísima. Y sus lesiones tardaron más de doscientos días en curar, según he podido comprobar. Había una limitación de velocidad que tú no respetaste. ¿Es así o no?

Vidal asintió.

—Eso es lo peor —añadió Longinos—: un mal antecedente; y con un mal antecedente nadie te libra de la cárcel. Un mal antecedente es el determinante de la conducta del juez. Por de pronto olvídate de la libertad condicional. Esos son los hechos que tene-

mos que afrontar. Por eso te hablo con tanta crudeza. Ningún juez creería, después de oír a las dos
señoras, que tú no atropellaste al niño. Pero yo sé
que tú no fuiste. Y Malo también. Nosotros sabemos que tú no mientes. Y antes se coge a un menti-
roso que a un cojo.

—¿Entonces...?

—Don Enrique...

—¿Don Enrique? ¿Qué tiene que ver don Enrique
con esto?

—¿Tú eres su amigo, no?

—Eso creo.

—Nosotros te ayudaremos. Malo y yo te ayudaremos. Y podemos hacerlo —Longinos guiñó un ojo—:
la compañía de seguros del coche no te pagaría jamás un abogado como yo, porque no se trata de la
indemnización. Te juegas la posibilidad de que te
quiten el carnet de por vida y también una larga
temporada de cárcel, puede caerte una pena de re-
clusión mayor... El asunto es serio.

Longinos había acabado de pelar la trucha, había
cortado un trozo de su carne y la había metido en la
boca. Ahora masticaba. Tardó un buen rato en volver a hablar.

—Lo que quiero decirte es que nadie de nosotros
te desea ningún mal. Y el que menos Ezequiel Mosácula. Si Malo te presionó lo hizo por su cuenta, porque es un torpe. No sería bueno para nadie que tú te
convirtieras en una especie de mártir. Fíjate cómo
será que Mosácula le pidió a alguna gente, a don
Enrique por ejemplo, que intercediera ante ti para
que no le cerraras la industria. Quería guardar las
apariencias hasta el final. Porque ¿cómo hacer creer
que no deseaba el cierre si no se defendía con todos

los medios a su alcance? Tenía que presionarte, por la de buenas y por la de malas. Pero de ahí a convertirte en un mártir...

—¿Le pidió a don Enrique que me hablase?

—Sí, ¿acaso no te dijo nada?, ¿no te pidió que reconsideraras tu posición?

Vidal asintió. Aunque dijo:

—No exactamente.

Longinos añadió:

—Hay que reconocer que a Mosácula le gusta jugar con fuego. Me pregunto cómo hubiera reaccionado si don Enrique te hace cambiar de opinión. Debieras sentirte orgulloso.

—¿Yo?

Longinos sonrió:

—¿No lo ves? Por la confianza que te tenemos todos.

—¿Y qué pasa con mi coche? —preguntó Vidal.

Longinos negó con la cabeza.

—Todo esto se ha desbordado. Ha ocurrido lo peor que podía pasar. Manifestaciones, alteración de orden público, intentos de agresión...

—El matarife de Mosácula, el cojo, es quien lo tiene... —dijo Vidal.

—Algo así tenía que ocurrir. Ahora las cosas están complicadísimas. Para ti y para Ezequiel Mosácula.

—Lo mío es cosa mía —dijo Vidal.

Longinos negó con la cabeza. Había tomado ya dos bocados de la trucha y parecía haberse cansado de comer. Dejó los cubiertos sobre el plato y lo apartó con desvío.

—Te lo voy a decir: si la moción de censura contra el alcalde Polvorinos prospera, el cierre de «Industrias El Paramés» sería peor que un desastre. Y no sólo para la familia Mosácula. Existe un contrato de exportación a Argelia, muy importante, un gran negocio, con mucho margen, pero insignificante al lado de lo que supone la recalificación de terrenos. No sé si lo ves. Este contrato es muy bueno, y tremendamente oportuno. Su pérdida servirá de cortina de humo para acallar a tantos enemigos como tiene Polvorinos. Así nadie podrá decir que desde la alcaldía no se actúa con energía. Si la fábrica no reúne condiciones sanitarias, se cierra y en paz. Primero, son los ciudadanos. Pero las dos cosas a la vez, la fábrica y el contrato, no pueden perderse. Y si Polvorinos sale, porque prosperara la moción de censura contra él, hay riesgo, mucho riesgo, de que tal cosa ocurra...

Vidal le miró como a un batracio.

—¿Por qué me dices a mi todo esto? ¿Y si os denuncio?

Longinos pareció no oírle. Llamó al camarero. Ante su presencia, con ostentación, dijo:

—¿Denunciarnos? ¿Por qué? ¿Acaso no has dado tú mismo la orden de cierre de esas instalaciones? ¿De dónde crees que puede un empresario sacar el dinero para tantas virguerías como ahora exige Sanidad? Vamos a hablar en serio Vidal. —Y sin transición, sin cambiar siquiera el tono de voz, preguntó—: ¿Qué quieres de postre?

El camarero enumeró una larga lista. Vidal pidió melón. Longinos un zumo de naranja.

—¿Qué queréis de mí? —preguntó Vidal.

—Muy poca cosa. Que averigües por qué el sobrino de don Enrique se ha quedado en la Argentina, si es que está de verdad en la Argentina. Porque tenemos que hacer que vuelva para la moción de censura. Sin su voto Polvorinos sale.

Vidal se encogió de hombros. Longinos le escrutó.

—¿Tú sabes de qué va la novela que dicen que está escribiendo, otra más sobre esta ciudad?

Longinos se inclinó sobre su cartera, en el suelo, a un costado de la mesa, la abrió y sacó un libro de pastas azules.

—¿Has leído ésta? Hay detalles graciosos. ¿Quieres leerla?

—La he leído —dijo Vidal—: Y no me ha gustado.

—¿No? —Longinos rió—: Yo no la he entendido muy bien. Pero me he reído con ese comisario grandote que sale repartiendo zurriagazos. ¿Lo conociste tú...?

—Bienzobas.

Longinos rió otra vez:

—*Bien sobas.* Así sí que se averiguaban las cosas. Entonces éramos la mejor policía del mundo. Y se ve ahí, se ve en este libro. Pero no era Bienzobas. Ése es el nombre que tiene en la novela... ¿cómo se llamaba en la realidad?

—Al que sí he identificado es a Manolín Peralta, era tío mío...

—¿Manolín Peralta?

—El erudito ese que sabe cosas de la Edad Media.

—¡Ah, eso no lo seguí bien! Me gustó lo de nuestros días, los años sesenta y eso. Lo demás me pareció muy aburrido. Ahora, no hay duda de que estos tíos tienen gancho.

Vidal se encogió de hombros. Longinos añadió:

—Al autor de esta novela lo conozco yo. Estudió conmigo en los agustinos. ¡Era un punto filipino...! Pero tonto, un idiota. Y tengo todos sus libros... ¿Sabes lo que creía? No sé si te acuerdas de los coches Seat muy largos con tres filas de asientos. ¡Qué discusión tuvimos un día por el Rey Bueno! ¡No creía que los hacían serrándolos por la mitad, añadiéndolos un trozo en el medio! ¿Te das cuenta? Y un tipo así escribe novelas. Aunque imaginación si tiene, eso es verdad. Yo me pregunto qué haría ahora con una historia como ésta: con estos problemas familiares y esta complejidad de los Mosácula. Porque, a propósito: ¿sabes que Blanca Pérez Ansa, la madre de los Mosácula, ha muerto?

Vidal se estremeció.

—Ayer por la tarde se presentó en el viejo Casino Regional, una hora antes de que abrieran la exposición «Retratos de ambigú». Entró como un fantasma y se fue directa a por la medalla del valor con que la República había condecorado a su marido, el difunto Orencio Mosácula; se apoderó de ella y salió a la calle. No llegó lejos. En la acera del Angel Caído, bajo los balcones del Casino, cayó al suelo fulminada, un ataque al corazón. Nadie pudo arrancarle la medalla de su puño, ni siquiera el juez... Le están haciendo la autopsia y mañana será el entierro. Parece que Blanquita, su hija, vendrá desde Barcelona... Bueno, qué te voy a decir yo que no sepas tú.

—Yo no se nada —dijo Vidal con brusquedad.

Longinos llamó al camarero y pagó la cuenta. Se levantaron.

—¿No sabes que está aquí también la hija de Blanquita, Marta?

Vidal no quiso contestar. Longinos añadió:

—¿Sabes quién es su padre? Seguro que no lo sabes. El tonto del castillo. Eso ha dicho ella. Por lo visto el tonto violó a Blanca ¿Qué te parece? Ella lo ha conocido ahora. Ha aprovechado la película sobre el Rey Bueno para venir a conocer a su padre. ¿Qué te parece?

Y todavía añadió mientras salían:

—¿Sabes cuándo ha contado todo esto? Cuando vino a declarar a tu favor anoche. ¿No te lo ha dicho Malo? No sé cómo se enteró de que te habían traído a la comisaría y se presentó aquí. Trajo las llaves de tu coche y aseguró que después de dejar al guarda del castillo y su familia, estacionó tu coche en la plaza de la catedral. Juró y perjuró que el coche estaba nuevo, impecable, sin golpe alguno. No sabes cómo te defendía. Malo fue personalmente a buscarlo. Pero no estaba. Había volado.

Vidal asintió con desesperación:

—El matarife —dijo.

—No te preocupes, —le pidió Longinos.

—¿Sabes lo que me ha costado?: Todos mis ahorros, más de tres millones.

Longinos levantó las manos:

—Yo nunca he tenido tanto.

Volvieron a la comisaría y se despidieron. Las escaleras seguían atestadas de gente. Vidal dijo:

—Conmigo no contéis para nada.

—Si no es nada lo que te pedimos —contestó Longinos.

Los policías nacionales de guardia habían cambiado. Vidal se tumbó en el canapé y cerró los ojos. Pronto se dejó acunar por el murmullo de voces. La tarde fue pasando sobre su cuerpo como una fiebre. El sudor empapaba su camisa. Él esperaba y esperaba sin más destino ni horizonte que la espera, tal el náufrago que se ha rendido sobre la balsa perdida en el océano. Tenía el sopor del convaleciente. Imágenes ardientes ocupaban su mente como violentas olas que se alcanzan unas a otras. Y una se imponía a todas, una que se alzaba sobre el resto de las aguas: Blanca.

Quería verla y tenía miedo de verla. ¿Por qué miedo? ¿Por qué siempre el miedo venía a interponerse entre él y Blanca? Cuando él tenía dieciocho años y ella dieciséis se habían separado. Nunca más había vuelto a verla. Lo intentó, a veces, lo soñó siempre, pero no lo hizo nunca. Quiso seguir su pista en Barcelona; en Ginebra, luego, donde también había estado; en la Argentina, por último, donde supo que se había ido a vivir con un director de cine peronista. Pero tuvo miedo, miedo, miedo. Y el miedo había sido su pecado original. Ella quedó embarazada a los dieciséis años; no de él, con quien sólo había llegado a darse besos; no de él, pero tampoco de nadie... Porque Blanca sólo salía con él, sólo le conocía a él... como si hubiera sido violada por el ambiente, como si un polen maligno hubiera entrado en su cuerpo a traición...

Alguien lo dijo y él no lo creyó. El tonto del castillo, su hermanastro. ¿Por qué? ¡Oh, Dios, pobre Blanca, mi niña querida!

Quería verla. En el entierro de Blanca Pérez Ansa la vería.

Se incorporó hasta sentarse sobre el canapé. Se había llevado las manos a la cara y se frotaba los ojos. La oscuridad y el silencio se habían adueñado poco a poco de la garita. En la escalera estaban ya encendidas las bombillas.

De improviso abrieron la puerta, con rapidez, casi con violencia, como si quien entrara siguiera el impulso de un ejercicio gimnástico. Era el subcomisario Malo. Mantenía el brazo extendido sobre la puerta abierta, la mano en la manilla. Su gesto tenía la prestancia exagerada del torero. Malo pulsó el interruptor y Vidal sintió la bofetada de la luz.

—Malas noticias— dijo Malo.

Vidal puso los pies en el suelo.

—El niño ha muerto. Hoy duermes en la prisión provincial. Ya no puedo hacer más por ti.

XI. Blanca

María Dalia acababa de estacionar su coche frente a la vieja Casa de Correos cuando, al costado del suyo, se detuvo otro Seat Ibiza; de él salió Linaza, que invariablemente vestido con camisa blanca, estilo mejicano, con bordados en pechera y faldones, se apresuró, sin mirar hacia ellas, todavía dentro del coche, hacia la entrada principal de la catedral.

La plaza, a cubierto del sol, condensaba a esa hora una luz matutina transparente y sosegada.

María Dalia y Laura salieron detrás de él.

—¿Crees que vendrá a por la hija de Blanca?

—Seguro —contestó María Dalia.

—Entonces es que Blanca no ha venido.

—No, tonta, todo lo contrario: entonces es que Blanca sí ha venido y le ha pedido a Linaza que recoja a la niña.

—Pero ¿por qué no viene ella en persona? Es su madre ¿no?

María Dalia hizo un gesto impreciso con la mano que desató el soniquete de sus pulseras.

Linaza se volvió. Una vieja mendiga, envuelta en paños negros de la cabeza a los pies, le acosaba tras la verja de la catedral. La mano de la vieja, oscura y endurecida, parecía un cuchillo contra su abultada barriga. Linaza las vio y enrojeció; las saludó apenas con un visaje, como si el mero reconocimiento fuera un saludo; sorteó a la mendiga y entró en la catedral. Ellas le siguieron a paso rápido, sin disimulo.

El cambio de luz pareció alterar también las demás leyes de la física, como si vieran el mundo a través de los ojos cerrados de un gigante, cuyos párpados filtraran un resplandor caleidoscópico y cuya tibia respiración aliviara de peso a sus cuerpos. Linaza se adentró en una nave lateral, la del mediodía; bamboleaba sus espaldas sin cadencia, un movimiento distinto para cada paso, como si la acción de sus piernas no estuviese del todo conducida por su cerebro; pero caminaba muy deprisa.

—Te digo que la ha visto, niña. Este gordo estaba loco por la Blanquita. Si ella ha venido, le ha llamado; eso seguro. Primero habrá llamado a Vidal, menuda lumia, pero, claro, como Vidal no está disponible...

—¿Te parece...?

—Lo que yo te diga, niña.

Linaza amainó el paso. En el trasaltar, bajo un radiante universo de vitrales que espolvoreaba en la atmósfera los colores del arco iris, la luz de nieve de unos focos acotaba un espacio de arquivoltas sobre leones, angelitos con alas, apóstoles y profetas, en el que sobresalía la piedra yacente del Rey Bueno hecha para estar de pie...

Un grupo de curiosos se arracimaba frente a la capilla de San Antonio de Padua, María Dalia y Laura se acercaron también. Un muchacho, de poco más de diecisiete años, conocido de María Dalia, le dijo:

—Llevan toda la noche rodando. Empezaron a las dos de la mañana. Y ya tenían que haber acabado porque el obispo sólo les deja rodar de noche, pero tuvieron un corte de luz.

Se rodaba una escena con solamente dos personas, la que parecía la actriz principal, una catalana famosa, cuyo nombre Laura no recordaba, y Marta Mosácula. El motor de la cámara tenía un resonar rumoroso, como si el agua de un molino corriera bajo las losetas. La actriz principal vestía muselinas blancas y una diadema con pedrería, parecía una reina o una novia; venía hacia el trasaltar desde la capilla de la Virgen del Rosario, se inclinaba sobre el magnífico sepulcro del Rey Bueno, besaba los labios de la estatua y, con la mejilla pegada a la piedra, permanecía arrodillada. Entonces entraba Marta Mosácula, vestía como un pajecillo. Decía: Señora ¿no queréis una manzana? La señora no contestaba y Marta mordía la manzana.

El muchacho joven comentó al oído de María Dalia:

—Lleva más de cuarenta manzanas.

Laura la tomó del brazo por el otro lado y le dijo, también al oído:

—Es una cría, no puede tener más de quince años, ¡qué poca cosa es!

—Es raquítica, la pobre, pero ya tiene que tener como mi Adela, diecisiete o dieciocho años. No vale nada, mira: sin pecho, sin caderas... no vale nada la pobre.

—Tiene unos ojos muy bonitos. ¿Qué son? ¿Verdes o azules?

—Sí, como la madre, son los ojos de la madre.

—Creí que sería otra cosa. Es una cría.

—Es la madre la que vale. Ya verás. Todo el mundo lo dice. No se cómo estará ahora, pero de cría era una belleza, no había otra como ella.

Se acabó el rodaje y se apagaron los focos. Se abrieron y cerraron baúles y se dieron algunas voces. Desde los bancos de los escasos fieles que había frente al altar mayor se oyó un siseo recriminador. Linaza se acercó a Marta Mosácula. María Dalia y Laura les vieron discutir. Linaza parecía contrariado. Un compañero llamó a Marta y ella, de un brinco, como un gorrioncillo, tan pequeña era, se alejó de Linaza. Linaza, con la cabeza levantada, se rascaba la papada. María Dalia y Laura se acercaron.

—No, dice que no le da la gana ir al entierro de su abuela, que está cansada.

Los del cine terminaron de recoger sus instrumentos y los trasladaron a la capilla del Calvario cuya cancilla cerraron con llave.

—Es increíble —decía Linaza—. Su madre ha hecho un viaje de más de mil kilómetros y esta mocosa no quiere ir al entierro.

María Dalia miró a Laura muy significativamente.

Salieron.

María Dalia preguntó:

—¿Dónde está Blanquita?

Linaza no contestó. Se rascaba la papada con las dos manos y las miraba. Era como un mastín a punto de mover el rabo. No callaba por discreción; deseaba hacerse de rogar.

—¿Ha ido a la casa de Roland? —preguntó María Dalia.

Linaza negó con la cabeza.

—Ha dormido en el Hostal —dijo por fin. Y añadió—: ¿A vosotras qué os importa?

Pero ya movía el rabo.

—Algo nos importa, mira éste —replicó María Dalia con zalamería, moviendo su cabeza y sus brazos, desatando el crótalo de su cuerpo como un hechizo—: ¿Cómo no nos va a importar que la mujer más guapa que nunca ha habido aquí, de la que todos estabais enamorados, vuelva a la ciudad? Seríamos tontas ¿no, Laura?

Laura se ruborizó. Y Linaza también, más que ella; sus ojos redondos miraron con despecho, como si, protegido su secreto tras la máscara de su piel, ese súbito rubor lo hubiera dejado al descubierto.

—Déjate de coñas.

María Dalia protestó:

—Hablo en serio, idiota.

Linaza volvió a rascarse la papada.

—Me ha llamado anoche —dijo, sin decir su nombre—. Le dije que Vidal estaba en prisión y no me ha dicho nada. Sólo me ha pedido que viniera a por la niña, pero así son las cosas...

Linaza entró en su coche, lo puso en marcha y se fue por la avenida del Generalísimo. Laura parecía incapaz de moverse. María Dalia entró en el coche y desde el interior abrió la otra puerta. Pero Laura se resistía.

—Me voy a casa —dijo.

—No seas tonta, chica. Tú y yo vamos a Puente Cautivo. Si yo tuviera tu edad ninguna mujer podría conmigo. ¿Es que te da miedo conocerla?

Laura subió al coche, las lágrimas pugnaban por salir de sus ojos. María Dalia le alcanzó un pañuelo de papel. Laura se sonó. María Dalia le alcanzó otro pañuelo.

—Gasta los que quieras —dijo—. Ayer les compré a los patinadores dos paquetes. ¿Sabes que también tenían *perico*?

Laura habló como un sollozo.

—¿*Perico*?

—Sí, mujer, coca; pero tú en qué mundo vives, siempre con tus mellizas y tu Vidal...

Le pasó una mano por el cabello.

—Siempre conviene conocer a la rival —dijo—. Además yo no me quiero perder este entierro por nada del mundo. Va a salir hasta en las revistas del corazón.

Descendieron hasta la plaza del Ángel Caído, siguieron por el bulevar de Francisco Quevedo y llegaron al Hostal. Dieron varias vueltas buscando el coche de Linaza; lo vieron entre dos autobuses que hacían la línea de Oviedo. Laura seguía sofocada.

—Vámonos, María Dalia, por Dios —dijo.

Y la cogió del brazo con intención de que hiciera girar el volante. María Dalia se desprendió de su mano, muy irritada.

—Bueno niña, ¡nos vamos!, ¡nos vamos!, ¿dónde quieres ir, a la oficina o a tu casa? Porque yo me voy al entierro.

Laura no contestaba.

—¡Te llevo a tu casa!

Laura asintió con la cabeza. Rodaron en silencio. María Dalia conducía con brusquedad. Laura miraba al frente. Estaba pálida pero parecía más tranquila. A pocos metros del portal de su casa, dijo:

—Vamos al cementerio. Quiero verla.

María Dalia aceleró, desde la calle de Renueva tenían que rehacer el camino y volver a pasar por delante del Hostal; el coche de Linaza se había ido; llegaron a la plaza de Alonso de Guzmán y cruzaron el puente sobre el río; nada vieron en la casa de Roland; la comitiva había salido ya.

Puente Cautivo las recibió con un sol alto y un cielo cerúleo. Una larga avenida poblada de acacias exaltaba la soledad de las losas que un par de talleres de marmolista esparcían por las aceras del modo desordenado y dramático con que se desalojan los enseres de una vivienda. Frente a las verjas de la cancilla se abría una plaza semicircular que permitía cambiar el sentido de la marcha a los coches, que en número de más de cincuenta ocupaban incluso las aceras. Varias mujeres, sentadas en los bordillos, vendían ramos de siemprevivas y de claveles; las gotas de agua gravitaban como sudarios sobre sus pétalos, sus hojas, sus tallos... eran flores para la pena y el dolor, densas y humedecidas.

Dejaron el coche y entraron en el cementerio. Se cruzaron con un grupo de personas que acompañaba a una pareja que parecía sometida a un terrible desconsuelo. Ella, más alta que él, exuberante de carnes, con el pelo teñido a lo rubio platino, los ojos de un azul acuoso, hinchados de tanto llorar; él, muy fornido, con una hosca determinación en el rostro; ambos de negro, de la cabeza a los pies; él, un traje estrecho, casi dos medidas por debajo de la suya, la camisa desabrochada del cuello y una corbata estrechísima que no le llegaba a la cintura.

Les vieron pasar en silencio.

—Son los padres del niño —dijo en un susurro Laura.

Salían como si hubieran asistido a una ejecución. El dolor, lejos de abatirles, les encrespaba; su talante era el desesperado y furioso de quien se rebela contra la injusticia.

—Ese tío me da miedo —dijo María Dalia.

Caminaron por la gran avenida central flanqueada de cipreses, tan proporcionada a la altura y al volumen de los mausoleos como la anchura de «el Rey Bueno» a los espléndidos edificios que hicieron de ella la calle más importante de la ciudad. Pero lo que aquel recinto guardaba no era más que la ilusión de un sueño, tan frágil y vulnerable como la memoria de la ciudad que lo nutría. Sus piedras, que carecían del sello de lo inmutable, transmitían la impresión de que todo lo que sucediera fuera, revoluciones, guerras, catástrofes, podía penetrar en él. Las imponentes bóvedas y cúpulas, los mármoles y granitos, en los que se inscribían los nombres de las familias más poderosas de la ciudad, sobre todo, de aquellas cuyos apellidos habían adquirido resonancia en los últimos años, no eran sino un apéndice más de la vanidad ciudadana; había dos Lorenzanas, un Verdasco, tres Suárez Gascón, un Tascón; y el magnífico de don Arístides Roland y Silvana Martello, su esposa, el único que expresaba tal vez alguna confianza en la perdurabilidad de las cosas humanas, de buen tamaño y bellísimo, réplica del florentino *baptisterio de San Giovanni,* filigrana de mármoles de colores traídos de Italia y único inmueble que los Mosácula no consiguieron del belga, por su carácter de intransferible... y ningún Mosácula.

María Dalia comentó:

—Son tan tacaños que no tienen panteón.

La capilla rebosaba de gente; una madre joven paseaba por el exterior con dos niñas de la mano, eran como las mellizas de Laura, llevaban un vestidito azul avolantado. María Dalia se abrió camino con la impertinencia y la determinación de un niño, Laura la siguió. A duras penas consiguieron sobrepasar el atrio; y sólo, de puntillas, lograron ver el catafalco y a los familiares que se sentaban en los primeros bancos. El cura tenía una voz muy fuerte. Hablaba de la difunta, a la que llamaba Blanca a secas, con una familiaridad que sonaba irreverente.

Laura reconoció a Ezequiel Mosácula, su cabeza poderosa, el pelo muy negro, al lado de su mujer; a varios Mosácula más, del Páramo y de Lot, gentes de anchas espaldas, cuellos cortos y robustos como troncos de árbol; a don Enrique, al alcalde Polvorinos, a los licenciados Miralles...

La voz de trueno del cura, por misteriosa razón, salía de los altavoces acompañada de un leve eco, era la voz de una emisora, en la que una conocida presentadora hacía un programa de niños. La gente, que había notado la interferencia, movía la cabeza con extrañeza, pero el cura seguía su discurso. Aquél pretendía ser, al fin, el reino de lo inmutable. Entonces la vio. Y también María Dalia; porque, sin ningún disimulo, la golpeó con el codo.

—Está allí —dijo, casi en alta voz, haciendo un ademán con la cabeza.

Blanca estaba de pie, fuera de la línea de bancos, muy cerca de la pared, en la parte media de la capilla; vestía un traje de hilo de tonos marrones con cuello y puños blancos, era alta y esbelta.

Acabó el acto religioso y la gente dejó paso al féretro que salió a hombros de los Mosácula. Blanca volvió su cara y Laura quedó fascinada: no parecía una Mosácula; tenía una distinción que sólo se daba en el cine; los pómulos altos y marcados; los ojos grandes y hermosos, verdes tal vez; el cuello largo...

Laura y María Dalia, con la respiración retenida, la dejaron pasar; Laura cruzó su mirada con ella y se estremeció. Fue como si hubiera hallado la solución a un enigma. Blanca Mosácula era irreal, era un sueño; le pareció que su belleza iba ligada a su sufrimiento como si fueran la cara y la cruz de una misma moneda; morirá pronto, se dijo, porque, aunque los demás la quieran, ella se odia...

La comitiva atravesó patios y calles hasta llegar a uno de los muros finales del cementerio; unos metros más allá cuatro gitanos viejos se sentaban sobre banquetas a la sombra de una de las tapias.

El sol reverberaba en las lápidas y en la cal de las paredes. Brillaban las letras y los mármoles, los nombres, las fechas, los epitafios y los soportes para colocar un pequeño ramo de flores. La historia de la ciudad se vaciaba en aquellos pequeños receptáculos alineados sobre una pared como el listado de un censo.

Uno de los nichos más altos estaba abierto. A su costado había un elevador metálico de manivela y una escalera de mano; en el suelo, ladrillos, un saco de cemento, un caldero, una pala, una paleta y una espátula; y, poco más allá, muy pegado a la pared un bulto, como una alfombra enrollada, que parecía de lona. Aquel muestrario de herramientas tenía algo de horrendo, de exhibición de un ánimo homicida, como si el enterramiento en aquellas angostas paredes, fuera el último paso, tan imprescindible como la enfermedad o el accidente, para que se produjera la muerte.

El cura agitó el hisopo y asperjó unas gotas sobre el ataúd todavía en el suelo. Luego se retiró, tal el confesor que, para esquivar las balas, se aparta en el último momento de quien va a ser fusilado. Dos enterradores, calvos y gordos, los dos en mangas de camisa, se acercaron con extrema diligencia al ataúd; se agacharon sobre él y abrieron rápidamente la tapa. Quizá fue un efecto de succión; quizá, un golpe de viento caprichoso y rastrero. Pero un polvo de nieve pareció deslumbrarles y el frescor se hizo frío entre los hierbajos en sombra. Los velos y los vestidos blancos de Blanca Pérez Ansa emergieron del ataúd como una espuma.

Los dos enterradores tomaron el bulto que tenía forma de alfombra enrollada y, con rapidez de ladrones, lo dejaron caer sobre ella. Fue como si arrojaran tierra al fuego.

Los presentes realizaron el mismo casi imperceptible movimiento de encogimiento; de hombros, de brazos, de cara. Y un chisporroteo corrió entre ellos en forma de rumor horrible. Unos a otros se dijeron que ésos eran los restos de Orencio Mosácula que así se unían para siempre con su esposa.

Blanca quiso gritar lo que sin duda, de haber podido, hubiera gritado su madre Blanca Pérez Ansa; su madre, que sólo dos noches antes ignoraba que iba a tener sobre ella, y para siempre, la carne descompuesta de su marido. Quiso gritar pero no pudo. Porque lo que oyó, mientras se desvanecía, lo que parecía un grito sordo, breve, sin flecos, como una pesada piedra lanzada al suelo desde muy cerca, era

la acción de los enterradores sellando el ataúd; luego lo subieron a la altura del nicho y lo deslizaron
hacia el interior.

Blanca Mosácula se recuperó en seguida. Algunos
primos del páramo la sostenían de los brazos, pero
ella se aferraba a Linaza. Su hermano Ezequiel la
miraba, pálido y serio, desde el otro lado, separados
por el artefacto elevador, sin que en ningún momento hubiera hecho ademán de acercarse.

Laura se apretó al brazo de María Dalia. Temblaba. Tenía los ojos llorosos y un nudo en la garganta.

—Me cae bien —decía—, me cae bien. —Estaba
muy emocionada—. Yo no soy quién para interpo-
nerme en su camino.

María Dalia la sacudió:

—¡No seas tonta!

Linaza y Blanca Mosácula fueron los primeros en
alejarse. Lo hacían despacio, con la vista al suelo
como si pisaran las piedras que vadean un río; él,
que la había tomado del brazo, se inclinaba con de-
licadeza hacia ella. A su espalda quedaban los golpes del cemento y los ladrillos, el ris ras de la paleta
de albañil, sonidos que destacaban de los demás,
que se hacían trascendentes, insidiosos, hirientes...

Blanca lloraba en silencio, dos lágrimas gruesas
iluminaban sus mejillas.

—Llévame a ver a Vidal —le dijo.

Vidal paseaba de un lado a otro, en la enfermería
de la prisión provincial, una sala antigua de azulejos blancos iluminada por cuatro saeteras acristala-
das y dos barras de luz fluorescente.

En la cama vecina un joven recostaba su espalda
contra la almohada; sus ojos oscuros, lo único vivo
de un rostro descarnado y sin color, brillaban, muy

destacados, como dos centinelas en estado de alerta permanente.

—Estás enamorado, ¿a que sí? —le dijo a Vidal.

Vidal se detuvo. Desde que estaba allí había evitado incluso mirarle.

—Sólo los enamorados pasean así —añadió el joven—. Yo también pasearía si pudiera. Cuando yo camino voy hacia el aire que me llega a la cara y es como si el aire viniera hacia mí. Pero soy yo el que va hacia el aire. Nunca has pensado eso, ¿a que no? Se es más libre así, porque eres tú el que va hacia el aire, el que lo busca...

El joven, a pesar de la menguada energía de su voz y de sus movimientos lentísimos, destilaba un extremo afeminamiento. Un hilillo de moco le salía por la nariz.

—¿Me das un *tisu*? —pidió, señalando hacia la mesilla de noche.

Vidal se acercó a la mesilla. El joven le dijo:

—Abre uno nuevo.

Vidal tomó un paquete y trató de quitar la funda de plástico. El joven le miraba a las manos.

—Quién sabe los que habré vendido yo de esos.

Vidal sacó un pañuelo y se lo tendió. El joven le miraba a los ojos, escrutaba, en el rostro de Vidal, el temor que inspiraba. Vidal alargó la mano y el joven tendió la suya. Fue un encuentro rígido tan meticuloso y preciso como el contacto a diez mil metros de altura de dos aviones para pasar combustible de uno a otro. El joven tomó el pañuelo y se sonó:

—¿Oyes? —preguntó.

Vidal hizo un gesto de incomprensión.

—Es un Mercedes —el joven aludía al sonido del

motor de un coche que, aunque muy amortiguado, les llegaba desde la calle—. Su motor es inconfundible. Ploploplo... Tengo que aprender a distinguirlos también por el reflejo. ¿No te has fijado? ¿Ves el remate de los azulejos? Mira, por ahí camina: ¡qué suelto va! Ploploplo...

Una luz descompuesta en cuadrados y rombos, de líneas casi invisibles como evanescentes reflejos de una lámpara china corría por la moldura final de los azulejos.

—Son los coches que pasan por la calle. ¿Sabes dónde va ese Mercedes? Yo lo sé. Va a Oviedo. Después de tanto tiempo soy capaz de adivinar estas cosas. Lo conduce un médico famoso que viene de hacer una intervención en Marbella. Ha operado de la vista nada menos que al hijo de un jeque árabe, uno de esos magnates del petróleo. El jeque está muy agradecido y le ha querido regalar un palacio en la playa. Y eso que no sabe todavía el resultado. Estos jeques son así: si todo va bien te hacen millonario; si fallas, te hacen degollar. Por eso el médico se ha negado. Ha dicho: todavía no le hemos quitado la venda. Y eso, la venda, es lo que ha querido quitarle una voz anónima que le ha llamado por teléfono a Marbella para avisarle de que, mientras él se ocupa de tan nobles actividades, su mujer le engaña con uno de sus mejores amigos. ¿Qué te parece? Lo que él ignora es que cuando llegue a Oviedo tendrá una llamada esperándole. Es de Marbella, al muchacho le han quitado la venda...

El joven calló.

—¿Y? —preguntó Vidal intrigado.

—¿Quieres saberlo, eh? —El interés de Vidal animaba al joven que todavía era capaz así de extraer alguna fuerza más de su escuálido cuerpo—. Escucha ése... ése es un camión: un Volvo; pero no, no es un camión, es un autocar, va lleno de labriegos de La Cabrera, los lleva el Ministerio, con todos los gastos pagados, a ver el mar. Ninguno lo conoce. El mar. La mar. Y todos tienen más de sesenta años, salvo una niña, Alicia, que tiene nueve años; sus padres murieron precisamente en el mar; él era capitán de la marina mercante, había estado en Nueva York y en Hong Kong; ella le acompañó un solo viaje y el barco se hundió; a Alicia la acompaña su abuelo, el padre de su madre; a Alicia le han dicho que en el mar duermen sus padres y ella va a mirar a través de las aguas, cree que el mar es el cielo...

Otro coche se acercaba, su reflejo corrió por la pared; si fuera el de Blanca...

Miró hacia la puerta y vio a Linaza. No venía solo. Le acompañaba un funcionario. Y alguien más.

Una sensación de ahogo llenó su pecho; una sensación, sin embargo, que tenía su razón de ser en la memoria: lo que ella le había dicho, después de un beso, uno de aquellos besos en los labios, que eran como una consagración, el transvase íntegro del uno al otro, desmayados por la fuerza de la mirada del otro, por la fusión entre los dos, mucho más intensa que en el acto de hacer el amor, lo que nunca había hecho con ella; le había dicho: «Botijo. No me imagino casada contigo. Yo me iré y me casaré con otro. Y tú también te casarás. Pero al cabo de un tiempo volveremos a encontrarnos. Daremos clase a los niños pobres y ya no nos separaremos».

Detrás del funcionario y de Linaza venía Blanca. Vidal creyó que sonreía, que él sonreía. Pero tenía un gesto de desvalimiento profundo, la mano apoyada en el pie metálico de la cama.

—Mira quién ha venido —dijo Linaza, que se regocijaba por la palidez de Vidal, como el que se divierte tras una broma macabra.

—Un rato ¿eh? —dijo el funcionario, que levantó las manos y se fue.

Linaza dio una palmada a Vidal en la espalda. Rodeó la cama y se sentó en ella, frente a la del joven.

—¿Me alcanzas un *tisu?* —le pidió éste.

—Hola —dijo Blanca.

Vidal no contestó. Ya no era la niña soñadora que entregaba el candor de sus ojos al albur del mundo. Éste había entrado en ellos, se había metido en ellos, y los había dotado de profundidad y misterio. Tenía la piel fresca de la fruta, los pómulos muy marcados, y los ojos, como un antifaz sobre el mar. Era mucho más hermosa que su madre, era más hermosa que ninguna.

—Siento lo de tu madre —dijo al fin Vidal.

Blanca cerró los ojos, poco más que un parpadeo.

—¿Tienes problemas? —le preguntó. Hablaba con ternura, como si no se hubiera ido nunca. Su voz era ronca, la misma voz de siempre.

El joven le decía a Linaza:

—Ese es un BMW de dos puertas, un 316; es el coche que a mí me gustaría tener. Lo conduce alguien que acaba de salir de la prisión. Le habían acusado de algo que él no había cometido. Es lo habitual...

Vidal bajó la cabeza y sonrió.

—No, no —dijo—. Es un malentendido —le costaba hablar de otra cosa que no fuera ella, porque su mente se rebelaba, tan llena estaba de ella—. Atropellé a una señora hace dos años y eso hace que ahora me retengan aquí. Pero no estoy mal. Ni siquiera me han llevado a una celda.

Blanca sonrió también. El joven seguía diciendo:

—Él es un hombre enamorado. Sus padres, que no tenían dinero, le educaron, sin embargo, en los mejores colegios. Cuando tenía quince años le llevaron a Italia. Luego murió su padre y también el padre de ella...

Vidal dijo:

—He pensado mucho en ti. En realidad no he dejado de pensar en ti. Nunca debí dejarte ir. Esa niña era mía. No sé cómo fui capaz de dejarte ir sola. Jamás he entendido lo que pasaba a mi alrededor.

La madre de Vidal, viuda entonces, le había atado tanto como Blanca, más que Blanca; eran dos manos que imploraban socorro en medio del mar. Y Vidal sólo podía arrastrar con él a una de ellas. El vínculo más antiguo pudo más. ¿O no? ¿No sería que él había repudiado también, y más que nadie, lo que todo el mundo, con su madre a la cabeza, repudiaba: el embarazo de Blanca?

—Siempre creo que actúo correctamente y siempre me equivoco.

—¿Quién ha atropellado al muchacho? —preguntó Blanca.

Vidal no contestó.

—¿Qué tal te ha ido? —preguntó en cambio. Pero ella tampoco contestaba.

—Estás igual que siempre —dijo sonriendo, como si descubriera algo regocijante—. Igual que siempre —repitió. Y le espetó—: ¡Botijo! —traviesamente, como una niña, como la niña que siempre había sido para él—. No pensé venir. Nunca pensé volver a esta ciudad —dijo en seguida, con súbita seriedad—. Y no ha sido mi madre la que me ha hecho venir, sino mi hija. ¿La has visto?

Vidal asintió con la cabeza.

—Es igual que era yo, más delgada, más bajita, pero igual que yo de rebelde y de rara. Va a sufrir mucho en la vida. Por ella he venido. Se empeñó en venir a hacer esa película, quería conocer a su padre...

Blanca calló. Estaban los dos de pie, sin más apoyos que la mirada del otro, como si se hubieran encontrado en la calle. El joven decía ahora:

—...antes de tener un BMW, él había tenido un Seat 127, un coche vulgar, indigno de ella, porque ella, que parecía una chica pija, era muy valiente y amiga de los pobres...

—¿Por qué te fuiste? —preguntó Vidal. Pero no quería respuesta—: Si me hubieras dicho la verdad...

—¿La verdad? —dijo ella, exhalando aire—. ¿Qué verdad? ¿Quién sabe la verdad? Mi madre no me quería. No quería a ninguno de mis hermanos tampoco. —Y, por primera vez, sollozó—: Sentía aversión por nosotros, sus hijos.

El joven y Linaza la miraron de soslayo. Blanca se repuso en seguida.

—Y tampoco quería a mi padre —añadió—: lo que no era extraño, porque era un hombre duro y mezquino, cruel... Y mi madre nos odiaba porque éramos hijos de mi padre. —Y volvió a sollozar—. Éramos hijos robados por mi padre del cuerpo de mi madre. Eso me dijo.

Y Blanca se echó en brazos de Vidal. Y Vidal sintió un estremecimiento que le vaciaba como si se

234

hubieran roto las compuertas que retenían su equilibrio.

El joven calló. El motor de un camión atronó el aire. Un destello recorrió la moldura cerámica de la pared.

—Le persiguen —dijo el joven.

—Mi madre —continuó Blanca— había querido a otro hombre con el que había tenido un hijo, que a todos se nos ocultaba, que se nos mostraba como el hijo de los guardeses de Lot: era oligofrénico. Él no me violó. Yo me entregué a él. Fui yo quien se dejó descubrir el cuerpo y quien le hizo a él descubrir el suyo. Me vengaba así de mi madre.

Vidal miró para otro lado. Quería eludir un pensamiento horrible. Exclamó alarmado:

—¡La he visto con él! ¡Tu hija!

—No, no —dijo Blanca, abrazada a él—. Ha ido a conocerle. Sólo ha ido a conocerle. Ella es más fuerte que yo. No hace locuras... Ha estado allí con él. Ha hablado también con mi hermano Ezequiel, incluso ha conocido a mi madre, pero se ha negado a hablar con ella... nunca quiso que la identificara... No les tiene cariño. No son su familia. Ella no es una Mosácula. Quiere hacer carrera en el cine, como su padre, como el que creyó que era su padre...

El funcionario, que les había acompañado, se asomó por la puerta. Les explicó que iban a traer un herido de las celdas y les pidió que se fueran.

El joven precipitó su historia.

—Él decide ir a su encuentro. Su coche rueda a más de ciento cincuenta kilómetros por hora. Llega a Madrid antes del mediodía, está en Zaragoza a las cuatro de la tarde. En la autopista alcanza los doscientos kilómetros a la hora. Entonces, a la altura de Lérida, algo se cruza en su camino...

—¿Me das tu dirección?

Ella no dijo nada. Extrajo de su bolso de mano un pequeño pañuelo que se pasó por la nariz; también, un bolígrafo muy finito y un cuadernillo en una de cuyas hojas la anotó. Su letra era la misma de siempre: diminuta, irregular, muy poco redonda; no era una letra de chica. Todo seguía igual.

—Te busqué —dijo Vidal—. Estuve en Ginebra, en Barcelona, en Buenos Aires... Pero no me atreví a averiguar previamente tu dirección. Cada ciudad, en la que creía que estabas, me parecía llena de ti. En cada calle, en cada esquina ibas a aparecer... y eso me bastaba.

Blanca le entregó la hoja. Vivía en Barcelona.

—¿Vives sola?

Blanca asintió con la cabeza.

—Bruno murió el año pasado en accidente de coche. Fue un buen padre para Marta.

El funcionario abrió de modo abrupto la puerta.

—¡Ya vienen! —dijo.

Linaza se levantó y rodeó la cama de Vidal.

—Adiós —dijo Blanca.

—Adiós —dijo Vidal.

Se acercó a ella y la besó en los labios. Lo hizo como si bebiera lo más íntimo de ella, un líquido precioso del que no podía derramarse una sola gota. Cerró los ojos, abrasados por su mirada, la misma que soñaba la ciudad desde *el pelines*; le pareció que todavía eran muy jóvenes y que no conocían el dolor.

Se oyó el estrepitoso petardeo de un vehículo. El joven dijo:

—Eso es una *Guzzi*.

XII. Chacho

La plaza del Ayuntamiento acogía a una atosigante multitud que iba y venía, que entraba en los bares cercanos, formaba corrillos, entorpecía el tráfico y esperaba. Había militantes de partidos políticos, ciudadanos curiosos, matones profesionales...

—¡Coño, Linaza! —exclamó Iturmendi—: ¿No estás en el Pleno?

Del abultado cuello de Linaza colgaban una cámara fotográfica y su funda, cada una por su lado, como las cartucheras en el pecho del soldado.

—¡Pico, dame un café solo doble con mucho hielo! —gritó dirigiéndose al individuo de cara afilada y anchas espaldas que estaba tras la barra.

Empezó a limpiarse el sudor de la frente con la mano y en seguida sacó del bolsillo trasero de su pantalón un sobado pañuelo grande y arrugado con el que completó la tarea.

—¡No hay quien aguante ahí dentro! —exclamó—.

Se les ha estropeado el aire acondicionado. O yo qué sé. ¡Qué desastre, chico!

—¿Cómo van? ¿Por qué lo hacen a puerta cerrada? Yo estaba ahí el primero y me han echado —se quejó Iturmendi.

Linaza rió.

—No quieren hacerse daño unos a otros. Polvorinos va a seguir, claro. ¿Has visto qué cara traía Perelada? ¡Ya sabía que Jaime Gutiérrez había vuelto! ¡Qué hijos de perra son todos!

Pico sirvió el café y se adentró en el comedor. Iturmendi volvió a preguntar.

—¿Qué ha contado Jaime? ¿Qué ha dicho de Chacho? ¿Lo ha encontrado?

Linaza sorbió un gran buche de café, los trozos de hielo tintinearon contra el cristal. Dejó el vaso en la barra e hizo un ademán rarísimo. Dobló los brazos y los movió arriba y abajo como las alas de un pato que no puede volar.

—Bbbrruuuuhhhhh.

Iturmendi enarcó las cejas.

—Ha enseñado unas fotos de Chacho —dijo al fin Linaza— malas, malas, malas... No dice que lo encontró más abajo del lago Fagnano, en la frontera con Chile, en la estancia de un asturiano, al sur de Sierra Valdivieso... Eso es lo que dice: nombres, nombres geográficos...

—¿Lo encontró?

Linaza paladeaba el café muy ruidosamente. Añadió:

—Vamos, como si Chacho fuera un tonto incapaz de prosperar, de hacerse alguien... ¡Para eso se escapó de esta ciudad, para pasarse cuarenta años trabajando de peón!

—¿Y las fotos? —preguntó Iturmendi.

—Bbbrruuhhhh, malas, malas, malas —repitió Linaza—. Y no, porque uno sea bueno en lo suyo, es que hoy, con las cámaras que hay, ni a propósito se hacen tan malas.

—Pero ¿está Chacho o no está Chacho en ellas?

—Bbbrruuuhh, no sé, es todo malo, raro, de poca calidad, se ve a un anciano flaco con la medalla puesta, eso sí... pero ni siquiera las van a dar para publicar. —Y volvió a aletear y a rugir—. Dicen —añadió— que no quieren decepcionar a la gente.

Iturmendi exclamó:

—¡Es verdad entonces!

—¿Es verdad qué?

Iturmendi le cogió del hombro.

—¡Ven, vamos, ven ahí fuera!

Llamó a Pico y le pagó las consumiciones.

—Coño, no sé lo que espera toda esta gente. Están tan acostumbrados a que haya movida en los plenos que esto le gusta más que el circo.

—¿De qué hablas? —preguntó Linaza, que añadió—: Yo tengo que volver ahí dentro.

Levantó la cabeza como para buscar aire y se pasó una mano por la frente. Una luz dorada tocaba los tejados y las torres y se derramaba luego como un líquido anaranjado por el azul del cielo.

—¿Sabes lo que te digo? —dijo Iturmendi—: Que tiene razón Anselmo el de La Charca. Chacho está muerto desde hace más de cuarenta años. Nunca llegó a la Argentina.

Linaza abrió mucho sus ojillos redondos. De su pelo ralo caían gotas de sudor que le atravesaban la frente. Iturmendi se inclinó hacia él.

—Un paciente que se ha muerto en el quirófano al

amputarle una pierna... —y de repente exclamó—: ¡El Riberano! ¡Si tienes que conocerlo!

—Sí —dijo Linaza—, lo conocí. Pero se ha muerto hace mil años.

—No, hombre, no. Se nos ha muerto a nosotros el otro día en el quirófano: un fallo cardíaco. Le hicimos de todo para recuperarle, pero estaba de Dios que se muriera. Antes de operarle me regaló una placa de platino, un injerto que llevaba Chacho en la tibia, y que tenía la siguiente inscripción: «Al mejor futbolista del mundo. Tus compañeros de equipo». ¿No es fabuloso? Se la compraron entre todos cuando Chacho se fracturó la pierna en un accidente de moto. Yo nunca he visto nada semejante. Claro que todo en ese hombre era especial.

Linaza se detuvo. Un coche de la policía nacional pasó delante de ellos, iba muy despacio sorteando con dificultad a los transeúntes. Un joven periodista, compañero de Linaza, salió del Ayuntamiento.

—Esto es un cachondeo —dijo—. Ya se acabó todo. Sigue Polvorinos. No querían ni votar. Hasta pretendían retirar la moción de censura. Como ya han encontrado a Chacho...

Linaza se indignó.

—Y no dicen esos caras que era un pobre hombre, que no pasó de peón.

Su joven compañero añadió:

—Sí, claro, también le han hecho el panegírico por eso. Polvorinos ha dicho... —y echó mano de su cuaderno de notas—: Sí, ha dicho, mira aquí está: Chacho ha preferido ser yunque a martillo...

—¡Viva Dios! —exclamó Linaza.

Iturmendi tiraba de uno de los faldones de la ca-

240

misa de Linaza. Le señalaba a Vidal que se había bajado del coche policial y, adelantándose al subcomisario Malo que le acompañaba, se acercaba a ellos muy sonriente. Vidal preguntó por Blanca y Linaza le dijo que ya había regresado a Barcelona. Su cara cambió.

—Está libre y sin cargos —dijo Malo con voz jovial—. Para que luego se hable como se habla de la policía. Todo se ha aclarado de una vez.

—Vamos a celebrarlo —dijo Iturmendi.

—Yo mismo con estas manitas que me ha dado Dios he llevado a prisión la orden de excarcelamiento del juez —añadió Malo—. Había que llegar antes de la retreta y antes de la retreta he llegado, sino se queda allí otra noche más. Ahora sólo nos queda recuperar su BMW.

—Venga, Malo, hoy invito yo —insistió Iturmendi, que a continuación preguntó—: ¿Quién atropelló al muchacho?

—¿No lo sabéis? —se extrañó Malo—: Un niñato de diecisiete años. Aquí —y señaló a Vidal— decía la verdad.

—¿Desde cuándo se sabe?

—Desde hoy, desde hoy, todo lo hemos averiguado hoy. Hoy ha sido un día completo.

—Vamos todos a La Charca, venga —dijo Iturmendi.

—Id vosotros —dijo Malo—, que yo estoy de servicio y todavía tengo que felicitar al alcalde.

El alcalde Polvorinos saludaba a sus partidarios desde el balcón. Se oyeron unos pocos aplausos y también silbidos. Polvorinos sonreía y agitaba las manos entrelazadas con los brazos en alto.

Iturmendi se reía:

—Todo esto son chorradas —decía—. Si Chacho no se ha ido nunca a la Argentina.

La luz se aminoraba; sobre la plaza el abismo del cielo avivaba unas brasas amoratadas y una gasa tenuemente pizarrosa comenzaba a separar la ciudad del universo.

Vidal, de mala gana, se dejó llevar.

—¡Qué ganas tenía de perderlo de vista! —dijo, refiriéndose a Malo.

—Hoy os invito yo a lo que queráis —dijo Iturmendi.

En La Charca tomaron una copa. Iturmendi les contó que el Riberano había compartido prisión en San Marcos con Chacho y que era rara la noche, incluso bastante después de acabada la guerra, en que no vinieran a por algún prisionero para llevarlo a fusilar a Puente Cautivo. Les contó que Chacho y el Riberano lograron escaparse, ocultos en un carro de basura, el que sacaba el excremento semanal de los caballos del regimiento.

Fueron luego al Búfalo Bill y tomaron otra copa. Iturmendi les contó que Chacho y el Riberano lograron escapar, sí, pero con tan mala suerte que el carretero, al irse, recogió la horca y la hincó en el estiércol de modo tal que una de sus púas se clavó en un brazo de Chacho. Les contó que Chacho y el Riberano se ocultaron en la catedral, en el interior de la tumba del Rey Bueno, vacía desde que la profanaron los franceses. Les contó que, porque Chacho estaba herido, el Riberano pidió ayuda a Blanca Pérez Ansa; que ella, que nada dijo a su marido, acudió a don Enrique.

La noche había estancado ya un calor de túnel entre las estrechas callejuelas. En la Plaza de los Bazares algunos coches con el morro sobre los bordillos parecían deseosos de saltar sobre las aceras y piafaban a todo motor como castigados corceles montados por jóvenes jinetes.

Iturmendi les contó que don Enrique hizo los preparativos para que esa misma noche un camión de hulla se parase detrás de la catedral, los recogiese y los llevase, entre el carbón, al puerto de El Musel donde tomarían un barco con destino a Buenos Aires.

Por entre las callejuelas, como un desbordamiento, les llegó un tronar creciente de cadenas y adoquines, que les hizo arrimarse a la pared. Eran los patinadores, diez o doce, quizá más. Rodaban, con sus bolsos de plástico en bandolera, a gran velocidad, las cabezas inclinadas, el cuerpo recogido, los brazos cortando el aire.

—Culi, Culi —llamó Linaza. Fue como llamar a un tren en marcha: los vagones pasaban impertérritos, veloces, rechinantes. Linaza gritó:

—¡Culibajo, cabrón!

Le vieron detenerse entonces unos metros más allá y, como vagón desprendido del convoy, que cediera a su propio peso, empezó a retroceder. Las luces de la Plaza de los Bazares a su espalda le daban encarnadura de sombra.

Entraron en El Racimo de Oro y tomaron otra copa. Iturmendi les contó que el Riberano salió de su escondite y lo pillaron en la carretera de los cubos; que Chacho no pudo intentarlo siquiera, que, con la herida infectada, deliraba... que don Enrique, a su lado, ante la inminente llegada de la Guardia Civil, colocó otra vez la losa de piedra en su sitio y se escondió en casa del obispo, su amigo.

Entraron en El Plateau y tomaron otra copa. Iturmendi les contó que el Riberano siempre creyó que Chacho había logrado escapar, que siempre pensó que don Enrique lo habría sacado de allí...

Entraron luego en La Guitarra, en el As de Copas y en El Corondel. Iturmendi les contó que el Riberano, después de cumplida su condena, nunca volvió a entrar en la catedral; que montó su propio negocio en el barrio Húmedo y se olvidó de todo; que un día oyó decir a uno de sus parroquianos que la tumba del Rey Bueno olía a mierda y que empezó a pensar, a pensar..., que una noche se coló dentro de la catedral, que apalancó el sepulcro y que encontró los restos de Chacho...

Entraron en Casa Miche y en el As de Copas, en El Racimo de Oro, en La Bodega Regia y en El Quechemarín. Iturmendi les contó que el Riberano arrancó de los huesos de Chacho la placa de platino, y que, mientras lo hacía, lloraba y gritaba: cabrones, asesinos, canallas; les contó que le sorprendieron, que le detuvieron, que le excomulgaron, que le apalearon, que ya para siempre le persiguieron, y, lo que es peor, que él mismo, por haberse callado, se sintió culpable de la muerte de Chacho.

—¿Dónde está esa placa de platino? —preguntó Vidal.

—Se la han llevado mis primos, los espeleólogos, a mi padre, que es quien de verdad la merece.

—Quiero verla —dijo Vidal, imperioso, casi amenazante.

—Te la traeré.

—Una película sobre el Rey Bueno... —dijo Linaza—: ¡Qué Rey Bueno, ni qué hostia! Aquí el único Rey Bueno es Chacho.

El calor, el estrépito y las voces...

Vidal sintió que sus rodillas se doblaban. Entraron por Siete Esquinas y temieron el asalto de siete emboscados. Iturmendi fumó y eructó. Y siete eructos le respondieron desde los siete bares, siete parpadeos amarillos, siete gritos rojos, siete miedos negros, siete cantos de sirena, siete santas llagas, siete puñales del Sagrado Corazón. Ante la imagen del Crucificado, Iturmendi se santiguó.

—¡Ahí va el cojo! —gritó Vidal.

Pero, otra vez, el tren de los patinadores se interpuso en su visión.

—¡Qué cojo, ni qué coja! —dijo Linaza.

—El cojo de Mosácula, el matarife...

Y lo vio descargar su maza sobre la cabeza del cabritillo. Una vez, otra, diez veces... ¡zas, tris, tras! ¡Oh, tú, Mosácula, Dios de Abraham...!

Siguieron a los patinadores sin querer seguirles: Plaza Mayor, calle de la Parrilla, carral del Carajo Bendito, pasadizo del Santo Prepucio, Plaza de la Catedral. ¡Hágase la luz!

Linaza dijo:

—Chacho metía siempre el gol del cojo. En el treinta y dos contra el Arenas metió dos... Ésta era la alineación: de portero, Venancio, je, je; defensas, Morilla y Tascón, je, je; en la media, Gancedo, Arteagabeitia y Busdongo, je, je; delanteros, Pozo, Argüello, Chacho, Meana y Pastrana... ¡La hostia!

Linaza entró al asalto en la fuente, un convoy de caballos y carretas rompiendo con sus cascos y sus hierros la corriente, se lavó la cara en ella y mató su sofoco rociándose de agua, empapándose la cabeza, la inflada sotabarba, la pechera.

—Treinta y siete grados en la Virgen del Camino.

Inclinado sobre el estanque bufaba igual que un animal de la selva y movía la cabeza a un lado y a otro.

—¿Por qué no dijo nada el Riberano, por qué no lo denunció? —preguntó Vidal.

—¿A quién? —preguntó a su vez Iturmendi—. ¡Y para qué! Todo pasó ya. Todo está prescrito y olvidado. A eso nos tenemos que atener.

—Quiero ver esa pieza de platino —repitió Vidal, en el mismo tono sombrío.

—Le hacemos una fotografía y la publicamos en el periódico —dijo Linaza.

—¡Nos van a decir que hemos visto un platillo volante! —exclamó Iturmendi.

Linaza se aupó sobre una pila en forma de concha y llegó a la altura de uno de los efebos de piedra que montaba un delfín. Se movía con la obstinación del depredador. Su cuerpo enorme y redondeado formaba junto con la cabeza un ariete macizo y terco que trepaba como un gusano por una manzana. Puso un pie sobre la cabeza del efebo y alcanzó con su mano la pantorrilla de piedra de Neptuno. Un poco más y llegó arriba, se colocó sobre las rodillas del gran rey y se agarró a su trinquete. La porcelana de su cara se agrandó hasta tomar forma de bañera, gotas de agua corrían por ella. Recitó:

> Dijo el sabio Salomón,
> y dijo el sabio con tino,
> para meter goles,
> el Tigre del Deportivo.

—¿Y el día del Bilbao qué alineación fue? —preguntó Iturmendi.

—Pásame la mecha —pidió Linaza.

Iturmendi se le acercó, se aupó sobre el primer querube y gracias a su elevada estatura pudo pasarle el mechero.

—¿Qué alineación tuvo el día del Athlétic? —repitió.

El nuevo Neptuno adoptaba aires de director de orquesta. Había abandonado el trinquete y dirigía sus manos hacia Iturmendi y Vidal que tenían los pies metidos en el agua hasta más arriba de las rodillas.

—Venancio —dijo, y doblaba la cabeza hacia los otros para oír cómo entonaban.

—Venancio —repitió Iturmendi.

Neptuno hizo el ademán contrariado del director de orquesta que advierte una mala nota. Repitió:

—Venancio.

—Venancio —dijeron los otros.

Linaza sonrió complacido:

—Morilla y Tascón —añadió.

Y los otros:

—Morilla y Tascón.

—Gancedo, Pistolo —éste es el único cambio, salió por el lesionado Arteagabeitia—, así que Gancedo, Pistolo y Busdongo.

Y los otros:

—Gancedo, Pistolo y Busdongo.

—Pozo, Argüello, Chacho, Meana y Pastrana.

Y los otros:

—Pozo, Argüello, Chacho, Meana y Pastrana.

—¿Qué alineación trajo el Athlétic? —preguntó Iturmendi.

—Dame las cerillas que esto se ha apagado —pidió Linaza.

Y mientras Iturmendi volvía a estirarse, Vidal se

reclinó boca arriba sobre un escalón de la fuente. Miró a lo alto y sintió un vértigo terrible. Un luminoso velo parecía envolver la plaza, parecía aislarla de la ciudad y del mundo, como navío entregado a la deriva de la noche.

—Quiero ver esa pieza de platino —dijo otra vez.

—En el treinta y cinco ganó la liga el Betis. Y el Athlétic la perdió aquí, con esta alineación: Ispizúa, Zabala, Oceja, Moronati, Mieza, Muguerza, Roberto, Gorostiza, Iragorri, Bata y Elices.

Iturmendi lo repetía en voz baja como en una oración.

—¡Siete a cuatro perdió: con cinco goles de Chacho! —exclamó Linaza—: Cinco goles como cinco soles... —y de repente gritó—: ¿No la veis a ella, a la deidad?

Se alzaba Neptuno Linaza sobre las rodillas de piedra y señalaba en dirección al pórtico principal de la catedral.

—¿A quién? —dijo Vidal incorporándose.

—¿No la veis? ¡Es una locura de mujer!

—¿A quién? —preguntaron los otros.

—En el parteluz. Ahí está. Como Chacho la vea ganamos el partido.

Iturmendi, el vasco Iturmendi, de hinojos sobre el agua, rezaba con devoción:

—Ispizúa, Zabala, Oceja, Moronati, Mieza, Muguerza, Roberto, Gorostiza, Iragorri, Bata y Elices. Con este equipo cómo no se va a ganar, Señor Rey de los Ejércitos.

Neptuno se santiguó:

—Desde que salimos de Cádiz, Churruca tenía el presentimiento de esta gran derrota. —Y añadió como si retransmitiera para la radio—: Llevamos apenas diez minutos de partido, señoras y señores, y el Deportivo Aviación ya pierde por dos a cero. ¿Qué está ocurriendo entre nuestros hombres? ¿Qué extraña apatía les invade? Porque nada tenemos que objetar a los goles vascos: Bata, en el minuto dos, de un zurriagazo tremendo desde fuera del área, ha marcado un gol bellísimo, el balón se ha colado por debajo del cuerpo de Venancio sin que éste pudiera hacer nada por impedirlo. Y en el minuto seis, Elices, jugándose el tipo, se ha lanzado en plancha para rematar el centro de su compañero Gorostiza que le ha pasado la pelota desde la posición teórica de exterior izquierda y de un magnífico testarazo ha logrado un impacto perfecto, una diana soberbia, por la misma escuadra. ¿Qué ocurre con el Deportivo Aviación? ¿Qué ocurre con Chacho? ¿Dónde está Chacho, nuestro Chacho, el Tigre del Agujero, y dónde los demás, el Halcón de la Tercia, el Jabalí de Omaña, dónde están, que no se les ve, que la hierba los oculta? ¿Qué está pasando aquí, señoras y señores? ¿Es que a estos mocetones de rojo y blanco, a estos hijos de Euzkadi no hay quien les ponga coto, ni les diga basta, ni que hasta aquí hemos llegado, ni que de aquí no pasó ni Dios?

Vidal no parpadeaba.

—Una calada...

—¿Qué pasa? ¿Dónde están nuestros hombres? ¿Por qué no se fajan sobre el campo? ¿Dónde está Chacho, el Tigre del Agujero? ¡Ah, Patagonia, tierra maldita!

—Toma Vidal, una calada.

Iturmendi volvía a subir y a bajar el porro. Y en el camino, con los pies sobre la concha en la que derramaba un lánguido chorro uno de los caños, aspiraba grandes bocanadas.

Vidal no podía levantarse. Le tocaron en el hombro. Temió que fuera un guardián del orden. Tenía la mano de piedra.

Linaza insistía:

—¡Con este equipo no se puede perder!

Era verdad. Vidal también lo sabía. Con ese equipo no se podía perder: cenicientos en la penumbra de las ojivas, los calzones largos hasta casi cubrirles las rodillas, las camisolas ceñidas, los cuellos de pico abiertos y con cordón. ¡La estampa clásica del futbolista heroico!

Se repartían los jugadores entre las cinco arcadas del pórtico de la catedral, tres grandes y dos más pequeñas, todas comunicándose entre sí por el interior: Venancio sobre el pedestal de San Pedro; Morilla en el de San Pablo; Tascón en el de Santo Tomás; Gancedo, Arteagabeitia y Busdongo sobre los de San Juan, San Judas Tadeo y David; Pozo y Argüello en el de Salomón y Simeón; Meana y Pastrana sobre los de San Juanín y el profeta Isaías.

Neptuno arengaba:

—¡Venga! ¡Venga! ¿Qué hacéis? ¿Estáis dormidos?

Y se enfadaba:

—A este paso, señoras y señores, no levantamos cabeza. Saca de puerta Ispizúa, patadón y tentetieso, recoge la pelota con la frente Moronati en disputa con San Judas Tadeo; hace un quiebro y la baja al césped, al césped porque es en el césped, sobre la horizontal, donde se hacen los grandes jugadores; en una carrera se libra de su oponente; levanta la vista, atisba a sus compañeros y lanza un pase que ni Santo Tomás, ni San Juan, ni David, ni Salomón interceptan. Es Elices, por parte de los vascos, quien coge la pelota y avanza. Le sale al cruce San Pablo. Pero está tímido y torpe, San Pablo. Elices le burla, y, aunque a punto de caer, se rehace, se cambia la pelota de pie, y va a chutar, va a chutar, chuta... aaahhh... la pelota golpea el travesaño y cae de nuevo al campo suelta y sin dueño, sobre el área pequeña y con Venancio de bruces sobre el césped, vencido, y humillado, incapaz de reaccionar. Va a marcar Bata. Va a marcar otra vez el Athlétic. Va a marcar. Bata va a marcar. Sólo tiene que empujar la pelota a la red. Y lo hace, con el pubis. Gol de pubis, gol de Bata, primer gol de Bata, tercer gol del Athlétic de Bilbao. Deportivo Aviación cero; Athlétic de Bilbao tres.

—No ha sido de pubis —protestó Iturmendi—: ha sido con la rodilla. Venía la pelota a esta altura —se alzaba Tonchi y levantaba su mano y un pesado rebozo de agua se levantaba con él, se le pegaba al cuerpo como a una embadurnada figura de mercurio— y la ha dado así —y se arrojaba, grávido y lento, al agua del estanque rematando una imaginaria pelota con la rodilla—: ha sido un gol fenomenal, qué concho.

Neptuno fruncía el ceño:

—¿Agresiones en las gradas? ¿Qué pasa aquí, señoras y señores? Los seguidores del Athlétic, con grandes chapelas y camisolas rojiblancas, han derribado una valla y parece que se acercan a este modesto corresponsal..., el gol fue de pubis, sin embargo, que atrás han quedado los tiempos de opresión y de mordaza, que uno ha de cantar la verdad donde la vea: el gol fue de pubis. Y no hay por qué enfadarse, amigos vascos, si al fin fue un gol de cojones. Venía la pelota a media altura, ideal para un remate en

251

plancha de cabeza, algo que le hemos visto hacer varias veces a Chacho, el tigre del Agujero, y a Argüello, el halcón de la Tercia, y que acabamos de verle hacer ahora al vasco Elices; pero venía floja y suelta la pelota, y a portería vacía, con Venancio caído al otro lado. Bastaba un simple impulso para que la pelota entrara y Bata se lo ha dado: un gol de artesano, de carpintero, de aizkolari, no de artista... ¿Qué ocurre con Santo Tomás, en una clarísima baja de forma? ¿Qué, con San Juan y con San Juanín? ¿Acaso han venido a verlas venir? Sólo San Judas Tadeo, pundonoroso como siempre, se faja en el campo, se empeña en una brega constante..., pero San Judas Tadeo, de sobra lo sabemos, es un obrero, sólo un obrero que nada puede hacer contra ingenieros y arquitectos, contra artistas. ¡Atención! Otra vez pierde la pelota San Juan a pies del vasco Oceja, se escapa, Oceja se escapa... ¡peligro!, quieren cerrarle el paso nuestros hombres, Santo Tomás y San Judas Tadeo, ¡Oceja va a entrar en la frontal del área, va a pisar la raya! San Judas Tadeo le alcanza, no ha entrado en el área todavía, no señores, no ha entrado en el área todavía, los vascos reclaman penalty con los brazos en alto, el árbitro no hace caso, hace señas para que el juego siga y sigue el juego y el peligro, ¡atención! peligro, mucho peligro, llega Bata...

Se movían las estatuas; sus sombras negras se agigantaban y se quebraban sobre el dintel del pórtico, cruzaban el tímpano central donde los bienaventurados anhelaban la resurrección del Deportivo, el principio de sus goles, y se escalonaban luego por la fachada hasta el rosetón central, a punto de besar los pies del Salvador.

—¡El Tigre no está!

Venían los once hombres de piedra en fila y se abrían todavía como si les moviera el impulso de dispersión del grupo que acaba de ser fotografiado. Uno de ellos, en el extremo de la izquierda, llevaba un pañuelo anudado a la cabeza. Pero no era Chacho. Era Argüello, el halcón de la Tercia.

El tigre del Agujero no estaba. Eran once pero Chacho no estaba.

—No veo a Chacho —dijo Vidal, que se incorporó y caminó a su encuentro.

—¡Gol! ¡Gol del Deportivo! —gritó Linaza—. ¡Gol de Gancedo! ¡Primer gol del Deportivo! Pero ¿dónde está el Tigre?

—¿Dónde está Chacho? —preguntaba también Vidal bajo las arcadas del pórtico.

Las ojivas rompieron sus líneas sobre el horizonte y una masa de sombras espesas corrió por los espacios ahora rectilíneos. Todo se desvaneció a los ojos de Vidal: las basas, los sillares, los paramentos, los contrafuertes y las columnas. En su lugar, la chata lisura de un inabarcable techo. Y bajó él, los muertos puestos en pie, todos los muertos de piedra que la ciudad había engendrado, aguantaban sobre sus cabezas, como singularísimos penitentes, el peso de la impresionante máquina, la presión lateral de los muros, el empuje expansivo de las bóvedas. Y el sudor, que les brotaba como sangre bajo los rodetes de esparto, se derramaba en gruesas gotas por sus frentes. Era la lucha centenaria entre empujes y contrarrestos.

Vidal buscaba una luz, una luz final en aquella inmensa y rectangular nave, una luz que debiera de hallarse donde antes se alzaban las capillas del ábside, detrás del alto retablo del altar mayor.

En el exterior, Neptuno, sobre su trono, seguía relatando las peripecias del encuentro entre el Athlétic y el Deportivo Aviación.

—Hemos mejorado, señoras y señores, pero no es suficiente. Los vascos parecen haberse relajado o tal vez estén pagando el mucho esfuerzo realizado. Se sienten muy seguros con este resultado de uno a cuatro, y no es para menos... algunos de sus seguidores siguen provocando altercados, mientras que otros, los más, cantan ya el alirón de campeones... ¡Gol, gol, gol, goooooool! ¡Otro extraordinario gol del Deportivo! ¡Esta vez ha marcado Argüello, el halcón de la Tercia! Pero por Dios ¿dónde está el tigre del Agujero? Necesitamos al Tigre. Esto todavía se puede remontar.

Vidal seguía avanzando. Y por doquier se espesaban las tinieblas, una singular condensación que delimitaba agregaciones como si la oscuridad se corporeizara aquí y allá en deambulantes rebaños de seres fantasmales y blanquecinos, eternos y sepulcrales habitantes de lo oscuro, lívidos y forzados galeotes de una nave espectral, la nao capitana de una ciudad cuyo pálpito más vivo había quedado sepultado para siempre bajo aquellos muros.

Las voces de Neptuno atravesaban la nave como un viento.

—¿Dónde está el Tigre? ¡Por Dios, que venga el tigre del Agujero!

Las estatuas se movían, brincaban, peleaban, cazaban sin que sus movimientos pareciesen afectar a la inmensa máquina de piedra que aguantaban sobre sus cabezas protegidas con rodetes, tal y como la esfera terrestre rota y se traslada sin que los humanos sientan sus desplazamientos.

Un ermitaño llamaba a una puerta de piedra; un doncel esperaba tras ella; un santo varón era crucificado en presencia de un rey; un perro dormía; unos soldados hacían la guardia; un santo curaba a una endemoniada; dos hombres reñían en una panadería; unas señoras amasaban el pan; una dama bebía en un vaso de plata; un hombre tocaba el laúd; una señora escuchaba con deleite; dos hombres luchaban a brazo; un hombre se sentaba entre árboles; un hombre atizaba el fuego de una caldera, otro agitaba con un palo el guiso y otro bebía en un tazón; dos hombres luchaban cogidos por la cintura; un rey tocaba el violín; unas mujeres bailaban cogidas de las manos; un hombre tocaba el tamboril y la dulzaina; una mujer bailaba; unos hombres comían y bebían, un servidor les traía un ave asada; unos hombres y unas mujeres mataban un cerdo; unos hombres luchaban con espada y broquel; unas mujeres cogían fruta de unos árboles; un hombre caminaba con un canasto a la espalda; unas parejas de caballeros cristianos y moros luchaban entre sí; un hombre tocaba el violín y una mujer bailaba; un caballero al galope alanceaba a un jabalí; un moro, con almaizar y adarga, luchaba contra un caballero cristiano; un ciervo huía de dos perros mientras un montero sujetaba a un tercero.

Vidal agarró del brazo a un siervo que cargaba al hombro un gran pez.

—¿Dónde está Chacho? —le preguntó.

El siervo se escurrió con violencia y siguió su camino.

Un obispo descansaba sobre una nube con el rodete sobre las rodillas. Y un monje benito mostraba su desagrado. Dijo recriminador:

—Así no lograremos nada.

—¿Dónde está Chacho? —preguntó Vidal.

El monje benito no contestó. Hablaba ahora con un niño. Le decía:

—Nuestra fuerza contrarresta el empuje de los vivos... cuando puedan más los vivos que nosotros la catedral se caerá. Entonces estaremos perdidos, todos, los vivos y los muertos, estaremos perdidos.

Vidal se acercó al obispo.

—¿Dónde está Chacho?

El obispo dormitaba y Vidal le dio la espalda.

Las sombras eran densas como el agua, pero penetrables, penetrables, penetrables...

Un caballero era derribado por un león. Dos negros desnudos portaban lanzas; un camello se dejaba guiar por un hombre con sayo, el hombre llevaba dos lanzas y un palo. Una mujer montaba sobre un hombre barbudo que caminaba a gatas. Un caballero corría, con yelmo y escudo triangular, timbrado con un león rampante.

—Están rodando una película. Voy a verlo —dijo el caballero.

Un ciervo era acosado por un perro y un montero. Un hombre desnudo, se acercaba al galope de un caballo. Dijo:

—Busco al Rey Bueno.

Una mujer se sentaba entre dos caballeros que, provistos de yelmos, se acometían con espadas. El Papa en su trono, impartía una bendición entre dos obispos con báculos.

Un haz de luces como faros de un coche perdido en la noche se abrió paso en la oscuridad. Y con las luces, el ruido y las voces. ¡Silencio, se rueda! Vidal quería verla y no verla y dio un paso atrás porque tenía miedo. Y es que no podía ser que aquella doncella que, sentada sobre un lucillo, sonreía, entre dos soldados napoleónicos como el Papa entre los dos obispos, fuese Blanca, su Blanca Mosácula, tan joven, tan niña. No podía ser. Y caminó de espaldas un paso, dos pasos, muchos pasos, tan incapaz de retirar su mirada de la luz de aquel rostro como de acercársele. Y ya las sombras volvían a abrigarle y ya oía otra vez los lamentos poderosos de Linaza sobre la fuente de Neptuno.

Una estatua de piedra tirada en el suelo le hizo caer. A la estatua le faltaba la cabeza.

Las voces de Linaza llegaban nítidas hasta allí:

—¡Chacho, sálvanos que perecemos!

La estatua caída señalaba con su espada un bulto del tamaño de un balón de fútbol. Vidal caminó a gatas hasta él. Era la cabeza de la estatua. Vidal la alzó con ambas manos y, no sin esfuerzo, la incrustó en el cuerpo. La estatua se sentó sobre el suelo y tanteó en derredor.

—Mi rueño.

—Aquí está —dijo Vidal.

—Pónmelo.

Vidal se lo puso. Y la estatua se alzó. Medía más de dos metros; tenía un rostro joven y atrevido, limpio de barba; tenía nervudo el cuerpo y alegre la mirada: era el Rey Bueno. En una mano empuñaba la espada desenvainada; en la otra, un globo, que se posaba sobre un diminuto león... Su capa, dispuesta muy gallardamente, tenía un plegar amplio y sencillo. Se colocó el Rey bajo el techo raso, ancló sus pies en el suelo y alzó sus extraordinarios hombros. Una parte del peso de la catedral cayó sobre él. La sorpresa le crispó el rostro y el sudor comenzó a anegarle. Dijo:

—En esta ciudad hay mucho hideputa vestido de lagarterana.

Del exterior llegó un clamor inusitado, como si la catedral, como si cien catedrales, como si todos los edificios de la ciudad se hubieran desmoronado a un tiempo y rodaran como peñas y pedruscos unos sobre otros camino de la plaza.

Vidal distinguió la voz de Linaza:

—¡Gooooool, gol, gol, gol, gol de Chacho! ¡gol del Tigre! Deportivo Aviación, tres; Athlétic de Bilbao, cuatro.

Y, la del vasco Iturmendi:

—¡Gol de Chacho!

Y luego, la de ambos:

—¡Este partido lo vamos a ganar!

Y luego la de todos. La de los obispos y los siervos, las prostitutas y los monteros, los presos y los carceleros, los cazadores y los caballeros, los curas y las endemoniadas, los cocineros y los señores, los músicos y los panaderos...

—¡Este partido lo vamos a ganar! ¡Este partido lo vamos a ganar!

Vidal salió a la plaza con el cuero cabelludo terso. Y quedó deslumbrado por la profusión de luces, por los destellos lácteos de la fuente. Cuatro sombras en aspa, cuatro sombras de plata perseguían como un aura los movimientos de Linaza y Tonchi.

—Esto es otra cosa, señoras y señores: ahora es el Athlétic el que se muestra desconcertado. Ya no vemos a Elices ni a Bata. Ya no vemos a los mocetones vascos. Éste es el equipo del Tigre, éste es el partido del Tigre, ésta es la afición del Tigre... Saca Venancio de puerta; recoge la pelota Busdongo; Busdongo se la pasa a Pistolo; de nuevo el Deportivo al ataque;

Pistolo, a Pozo; Pozo, a Meana; Meana, a Chacho; atención, peligro; Chacho va a disparar, dispara... ¡Gooool, gol, gol, gol! ¡Otro gol de Chacho! ¡Es el empate, señores, es el empate! ¡Increíble, señoras y señores, increíble! ¡Es el empate! ¡El Deportivo ha levantado el partido! ¡Un partido que perdía por cero a cuatro! ¡Gooooooool! ¡Gooooooool! ¡Gooooooool!

La emoción inflamó el pecho de Vidal y por el cuero cabelludo le corrió un escalofrío de felicidad que le llegó al cuello y le atravesó el espinazo. Era aquél un insólito grito de júbilo, un alarido elevadísimo hecho de muchas, de muchísimas voces, que tenía una sonoridad bronca y penetrante. Y cuyo eco tenía un morir lento, lentísimo, un morir que arrastraba mucha dicha y mucha seducción.

Linaza y Tonchi mezclaban sus lágrimas de júbilo en el agua. Y Vidal volvió a romper la superficie de mercurio del estanque, volvió a acercarse a sus amigos y notó otra vez que las aguas se espesaban en sus piernas, que se adherían también a su cuerpo, como si él y sus amigos fueran una forma más de aquel mercurio, su forma más caprichosa.

Linaza seguía fuera de sí:

—Gancedo baja la pelota con la testa, la pone sobre el tapete verde, levanta la vista, otea el horizonte y envía un pase al hueco. Los vascos galopan aguerridos. Corren Oceja y Roberto. También Gorostiza. Pero no llegan. Llega Chacho, el tigre del Agujero, envía un pase magistral a su compañero del ala exterior derecha, ¿a quién? ¡A Pozo!, el jabalí de Omaña, y éste la devuelve al primer toque, en una pared perfecta... Y qué trallazo, señores, qué trallazo de Chacho, el tigre del Agujero... ¡Gooooooool, gol, gol, gol, gol! ¡Otro gol de Chacho, señoras y señores!

Saltaban los dos hombres abrazados en el agua y saltaba con ellos Vidal.

Iturmendi decía:

—¡Los vascos están mordiendo el polvo!

Linaza gritaba:

—¡Voto a bríos! ¡Voto a bríos!

—¿Cuánto queda de partido?

—Cinco minutos.

Y todos gritaron:

—¡Este partido lo vamos a ganar! ¡Este partido lo vamos a ganar!

Sacaron de medio campo los vascos. Iragorri le pasó a Gorostiza y éste retrasó sobre Muguerza. Pastrana se la arrebató limpiamente y la lanzó hacia adelante... ¿a quién? A Meana. Meana a Chacho. Chacho corrió más que Moronati, le desbordó, desbordó también a Mieza y a Zabala. Nueva ocasión de gol para el Deportivo. El buen cancerbero Ispizúa se movía nervioso, daba pequeños saltitos, con los brazos y las piernas abiertas... Chacho no le dio cuartel. Antes de entrar en el área, disparó, con la izquierda, un disparo seco, potentísimo, a media altura...

—¡...mortal de necesidad! —gritó Linaza, que cantó el gol y añadió—: Athlétic, cuatro; Deportivo Aviación, seis. ¡Increíble, inenarrable! Y esto no se ha acabado, señoras y señores. Esto no se ha acabado. ¡Qué fiesta de fútbol!

Saca otra vez Iragorri de medio campo. Apenas quedan dos minutos para que termine el partido. Y otra vez pierden la pelota los vascos...

En una esquina de la plaza un hombrecillo golpea con saña el coche de Vidal. El hombrecillo tiene una pierna de palo y se ayuda con una maza de matarife.

Vidal trata de arrancar su cuerpo de las gelatinosas aguas. Hace acopio de fuerzas y sale del estanque casi a rastras...

—¡Oiga, oiga! —grita—: ¿Qué hace con mi coche? ¡Socorro!

Pero ni Tonchi ni Linaza le oyen. Nadie le oye. Tampoco los actores y técnicos de Siracusa Films que ruedan una película sobre el Rey Bueno. Todos celebran el séptimo gol del Deportivo, el quinto gol de Chacho.

—¡Gooooooooool! —grita la multitud enfervorizada.

Índice